ikigai

Héctor García (Kirai)
& Francesc Miralles

ikigai

Los secretos de Japón
para una vida larga y feliz

URANO
Argentina – Chile – Colombia – España
Estados Unidos – México – Perú – Uruguay

A mi hermano Aitor,
que es la persona que más veces me ha dicho:
«¡Hermano, no sé qué hacer con mi vida!»

HÉCTOR GARCÍA

A todos mis amigos
pasados, presentes y futuros
por ser mi hogar y mi motivación en el camino.

FRANCESC MIRALLES

«Sólo en la actividad desearás vivir cien años.»

PROVERBIO JAPONÉS

Índice

Una palabra misteriosa

El origen de este libro está en una noche lluviosa en Tokio, cuando los dos autores nos encontramos en una de las tabernas minúsculas que proliferan en la ciudad.

Nos habíamos leído mutuamente, pero no nos conocíamos en persona todavía, debido a los 10.000 kilómetros que separan la capital japonesa y Barcelona. Un amigo común nos puso en contacto y ese fue el inicio de una amistad que ha dado como fruto este libro y que tiene visos de durar una vida entera.

En el siguiente encuentro, un año después, fuimos a pasear por un parque del centro de Tokio y empezamos a hablar de las corrientes psicológicas occidentales, muy especialmente de la logoterapia, es decir, la terapia del significado de la vida.

Comentamos que el enfoque de Viktor Frankl había dejado de estar en boga últimamente, como mínimo en las consultas, en favor de otras escuelas psicológicas. Y, sin embargo, los seres humanos seguimos buscando un significado a lo que hacemos y vivimos. Nos hacemos preguntas como:

¿Cuál es el sentido de mi vida?

¿Se trata sólo de sumar días a la existencia o tengo una misión más elevada en el mundo?

¿Por qué hay personas que saben lo que quieren y viven con pasión, mientras otras languidecen en la confusión?

En algún momento de la conversación, surgió la palabra misteriosa: *ikigai*.

Este concepto japonés, que se traduciría grosso modo como «*la felicidad de estar siempre ocupado*», guarda relación con la logoterapia, pero va más allá. Y es que parece ser una de las razones que explica la extraordinaria longevidad de los japoneses, sobre todo en la isla de Okinawa.

Allí el número de centenarios por cada 100.000 habitantes es de 24,55, muy superior a la media mundial.

Cuando se estudian los motivos por los que los habitantes de esta isla al sur de Japón viven más que en ningún otro lugar del mundo, se cree que, más allá de la alimentación, la vida sencilla al aire libre, el té verde o el clima subtropical —la temperatura media es parecida a Hawái—, una de las claves es el *ikigai* que rige su vida.

Investigando sobre este concepto, nos dimos cuenta de que nunca se había publicado ningún libro, desde el punto de vista de la psicología divulgativa o de crecimiento personal, que ahondara en esta filosofía para trasladarla a Occidente.

¿Es el *ikigai* responsable de que en Okinawa haya más centenarios que en ningún otro lugar? ¿De qué manera les inspira para permanecer activos hasta el fin de sus vidas? ¿Cuál es el secreto de una existencia larga y feliz?

Mientras explorábamos este concepto, descubrimos que en Okinawa hay un pueblo en especial, una localidad rural de 3.000 habitantes al norte de la isla, con el mayor índice de longevidad del mundo, razón por la que recibe el sobrenombre de «la aldea de los centenarios».

Nos propusimos observar sobre el terreno los secretos de esos centenarios japoneses, puesto que en Ogimi —ese es el nombre del pueblo— los ancianos se muestran activos y satisfechos hasta el fin de sus días.

Tras un año de investigaciones teóricas, llegamos con nuestras cámaras y grabadoras a esta aldea donde, además de hablarse una lengua ancestral, se practica una religión animista que tiene como centro a un duende mitológico del bosque de largas melenas: Bunagaya.

La falta de infraestructuras turísticas nos obligó a alojarnos en una casa a 20 kilómetros de la población. Nada más llegar a ese lugar, pudimos percibir la extraordinaria amabilidad de sus habitantes, que reían y bromeaban todo el tiempo en medio de las verdes laderas regadas por el agua pura.

Allí crece la mayor parte de *shikuwasa* de Japón, los limones de Okinawa a los que se atribuye un enorme poder antioxidante.

¿Sería ese el secreto de la longevidad de los habitantes de Ogimi? ¿O sería el agua pura con la que elaboran el té de moringa?

A medida que realizábamos las entrevistas a los más viejos del lugar, nos dimos cuenta de que había algo mucho más profundo que el poder de estos productos de la tierra. La clave estaba en una insólita alegría que brota de los nativos y que guía su vida por un camino largo y placentero.

Nuevamente el misterioso *ikigai*.

Pero ¿en qué consiste exactamente? ¿Cómo puede adquirirse?

No dejaba de sorprendernos que este remanso de vida casi eterna se encontrara justamente en Okinawa, donde se perdieron 200.000 vidas inocentes al fin de la Segunda Guerra Mundial.

En lugar de guardar rencor a los invasores, sin embargo, los okinawenses recurren al *ichariba chode*, una expresión local que se traduce como: «*trata a todos como si fueran tus hermanos aunque sea la primera vez que los conoces*».

Y es que uno de los secretos de los habitantes de Ogimi es su sentido de pertenencia a la comunidad. Desde pequeños practican el *yuimaaru*, el trabajo en equipo, que les lleva a ayudarse los unos a los otros.

Cuidar de las amistades, una alimentación ligera, descansar adecuadamente y el ejercicio suave formarían parte de la ecuación de la salud, pero en el centro de esa *joie de vivre*, la alegría de vivir que les impulsa a cumplir años y a seguir celebrando cada amanecer, está el *ikigai* personal de cada uno.

El objetivo de este libro es acercarte los secretos de los centenarios japoneses para una vida saludable y feliz, y darte herramientas para que descubras tu *ikigai*.

Quien encuentra su *ikigai* lleva ya consigo todo lo necesario para una larga y dichosa travesía.

¡Feliz viaje!

HÉCTOR GARCÍA (KIRAI) & FRANCESC MIRALLES

I
FILOSOFÍA *IKIGAI*

El arte de envejecer siempre joven

Según los japoneses, todo el mundo tiene un *ikigai*, lo que un filósofo francés traduciría como *raison d'être*. Algunos lo han encontrado y son conscientes de su *ikigai*, otros lo llevan dentro, pero todavía lo están buscando.

El *ikigai* está escondido en nuestro interior y requiere una exploración paciente para llegar a lo más profundo de nuestro ser y encontrarlo. Según los naturales de Okinawa, la isla con mayor índice de centenarios del mundo, el *ikigai* es *la razón por la que nos levantamos por la mañana*.

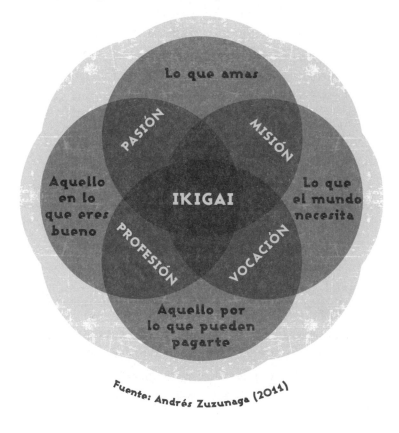

Fuente: Andrés Zuzunaga (2011)

No se retire, por favor

Tener un *ikigai* claro y definido, una gran pasión, da satisfacción, felicidad y significado a la vida. La misión de este libro es ayudarte a encontrarlo, además de descubrir muchas claves de la filosofía japonesa para una larga salud del cuerpo, la mente y el espíritu.

Una de las cosas que te sorprenden cuando llevas un tiempo viviendo en Japón es ver lo activa que sigue la gente incluso después de jubilarse. De hecho, un gran número de japoneses nunca se «retira», sigue trabajando en lo que le gusta, siempre y cuando su salud se lo permita.

De hecho, no hay una palabra en japonés que signifique *jubilarse* con el significado exacto de «retirarse para siempre», como tenemos nosotros en Occidente. Tal como afirma Jan Buettner, periodista de *National Geographic* que conoce bien el país nipón, «*tener un propósito vital es tan importante en esta cultura que por eso no tienen nuestro concepto de jubilación*».

La isla de la (casi) eterna juventud

Algunos estudios sobre la longevidad sugieren que la vida en comunidad y tener un *ikigai* claro son tanto o más importantes que la saludable dieta japonesa. El concepto que vamos a explorar en este manual está especialmente arraigado en Okinawa, una de las llamadas «zonas azules», los lugares en el mundo donde las personas son más longevas.

En esta isla hay más personas mayores de 100 años por 100.000 habitantes que en cualquier otra región del planeta. Las investigaciones médicas que se están llevando a cabo han arrojado muchos datos interesantes respecto a las características de estos extraordinarios seres humanos:

- Además de vivir muchos más años que el resto de la población mundial, padecen menos enfermedades crónicas como el cáncer o las dolencias cardiacas; también son menos comunes las afecciones inflamatorias.
- Hay numerosos centenarios con un envidiable nivel de vitalidad y un estado de salud que sería impensable para ancianos de otras latitudes.
- Su sangre presenta un nivel más bajo de radicales libres, responsables del envejecimiento celular, debido a la cultura del té y a la costumbre de ingerir solo hasta saciar su estómago el 80%.
- La menopausia en las mujeres es mucho más suave y, en general, hombres y mujeres mantienen un nivel elevado de hormonas sexuales hasta edades muy avanzadas.
- Los casos de demencia presentan también un índice notablemente más bajo que la media de la población mundial.

Prestaremos atención a todos estos aspectos a lo largo del libro, pero los investigadores resaltan que una parte importante de la salud y longevidad de los habitantes de Okinawa se debe a su actitud *«ikigai»* ante la vida, lo cual procura un sentido profundo a cada día.

CARACTERES DE *IKIGAI*

Ikigai se escribe 生き甲斐, donde 生き significa «vida» y 甲斐 significa «valer la pena». 甲斐 se puede descomponer en 甲, que significa «armadura», «número uno», «ser el primero en ir (al frente en una batalla llevando la iniciativa y liderazgo)», y 斐, que significa «elegante», «bello».

Las cinco zonas azules

Se denominan así las regiones identificadas por los científicos y demógrafos en las que hay muchos casos de alta longevidad. Dentro de estas cinco zonas, la número uno es Okinawa, en Japón, donde en especial las mujeres son las que tienen una existencia más larga —y sin enfermedades— del mundo.

Las cinco regiones identificadas y analizadas por Buettner en el libro *Zonas azules* son:

1. *Okinawa, Japón* (en particular, al norte de la isla). Su dieta incluye muchas verduras y tofu. Comen en platos pequeños. Además de la filosofía *ikigai*, en su esperanza de vida es importante el concepto de «*moai*» (grupo de amigos/as muy cercanos), que veremos a continuación.

2. *Cerdeña, Italia* (específicamente, la provincia de Nuoro y Ogliastra). Consumen muchas verduras y vino.

Se trata de comunidades muy unidas, lo cual tiene gran incidencia en la longevidad.

3. *Loma Linda, California.* Los investigadores estudiaron a un grupo de adventistas del Séptimo Día que se encuentran entre los más longevos de los Estados Unidos.

4. *Península de Nicoya, Costa Rica.* Muchos nativos superan los 90 años con una vitalidad resaltable. Gran parte de los ancianos se levantan a las 05:30 para atender las tareas del campo sin grandes dificultades.

5. *Icaria, Grecia.* Cerca de la costa turca, uno de cada tres habitantes de esta isla tiene más de 90 años (en España los nonagenarios no llegan al 1 %), lo cual le ha valido el sobrenombre de «la isla de la longevidad». Al parecer, el secreto de los nativos se remonta a un estilo de vida que existe desde el 500 a.C.

Analizaremos algunos de los factores comunes de estas zonas que parecen ser la clave de su longevidad, y muy especialmente Okinawa, que cuenta con la llamada «aldea de los centenarios», la cual ha ocupado una parte significativa de nuestro estudio. Antes, sin embargo, es interesante destacar que tres de las zonas son poblaciones isleñas, donde disponen de menos recursos y las comunidades deben ayudarse entre sí.

Tener que ayudarse unos a otros puede constituir para muchos un *ikigai* suficientemente poderoso como para seguir viviendo.

Según los científicos que han comparado las vidas en las cinco zonas azules, las claves de una vida larga son la dieta, el ejercicio, tener un propósito en la vida (un *ikigai*) y buenas conexiones sociales, es decir, contar con muchos amigos y buenas relaciones dentro de la familia.

Estas comunidades gestionan bien su tiempo para reducir el estrés, comen poca carne y alimentos procesados y beben alcohol con moderación.

El ejercicio que practican no es extremo, pero se mueven todos los días para pasear o ir al huerto. Los habitantes de las zonas azules prefieren caminar a ir en coche. En todas ellas es muy común la jardinería, que requiere movimiento físico cada día, pero de baja intensidad.

El secreto del 80 %

Uno de los refranes más populares en Okinawa es «*Hara hachi bu*», que se utiliza antes o después de comer y significa algo así como «*La barriga al 80 por ciento*». La sabiduría ancestral recomienda no comer hasta hincharnos. Por eso, los nativos dejan de comer cuando sienten que su estómago está al 80 %, en lugar de saciarse obligando al cuerpo a desgastarse, acelerando la oxidación celular, con una larga digestión.

Quizás algo tan simple como esto sea uno de los secretos de la larga vida de los okinawenses.

Su dieta es rica en tofu, boniatos, pescado (tres veces a la semana) y muchas verduras (300 gramos al día). En el capítulo dedicado a la alimentación veremos qué productos incluye en ese 80 % de alimentos sanos y antioxidantes.

La forma en la que se sirve la comida también es importante. Al dividirla en varios platitos, los japoneses tienden a comer menos. Por eso mismo, también los occidentales en Japón tienden a perder peso y a mantener una figura esbelta.

Estudios recientes de nutricionistas han revelado que el consumo diario de calorías de los okinawenses es de 1.800-1.900 aproximadamente y su índice de masa corporal oscila entre el 18 y el 22, mientras que en los Estados Unidos la media es de 26 o 27.

Moai: lazos para una larga vida

Esta es una tradición de Okinawa —aunque también de Kagoshima— para formar lazos fuertes en las comunidades locales. El *moai* es un grupo informal de gente con intereses comunes que se ayuda entre sí. Para muchos, el servicio a la comunidad se convierte en uno de sus *ikigais*.

El origen de los *moais* viene de los tiempos difíciles, cuando los agricultores se juntaban para intercambiar información sobre las mejores formas de cultivar, así como para ayudarse los unos a los otros en caso de que la cosecha no fuera bien ese año.

Los miembros de un *moai* tienen que pagar una cantidad mensual establecida. Este pago les permite asistir a reuniones, cenas, partidas de go, de shogi (el ajedrez japonés) o disfrutar de cualquiera que sea la afición común que tengan.

El dinero de todos es usado en las actividades y, si se acumula demasiado, un miembro (van rotando) recibe una cantidad de dinero también establecida. Por ejemplo, si pagas 5.000 yenes al mes, y al cabo de dos años recibes 50.000 yenes (es una forma de ahorrar con la ayuda de los otros), al cabo de dos años y un mes será otro amigo del mismo *moai* quien cobre 50.000 yenes.

Estar en un *moai* ayuda a mantener la estabilidad emocional y también la financiera. Si alguien del grupo se encuentra con dificultades económicas se le puede adelantar la «paga» de ahorros del grupo. Las reglas específicas de la contabilidad de cada *moai* varían según el grupo y posibilidades económicas.

La contabilidad del *moai* se lleva en una libreta llamada *moaicho*.

Este sentimiento de pertenencia y ayuda mutua aporta seguridad a la persona y contribuye a aumentar la esperanza de vida.

Tras esta breve introducción a los temas que trataremos en el libro, empezaremos revisando algunas causas del envejecimiento prematuro en el mundo moderno para luego abordar diferentes factores relacionados con el *ikigai*.

II

CLAVES ANTIAGING

Los factores cotidianos que favorecen
un largo y placentero camino

La velocidad de escape
de la longevidad

Desde hace más de un siglo hemos conseguido añadir una media de 0,3 años de vida por cada año que pasa. ¿Qué ocurriría si tuviéramos los avances tecnológicos para añadir un año de esperanza de vida por cada año? Teóricamente, lograríamos ser biológicamente inmortales, ya que en ese momento alcanzaríamos «velocidad de escape de la longevidad».

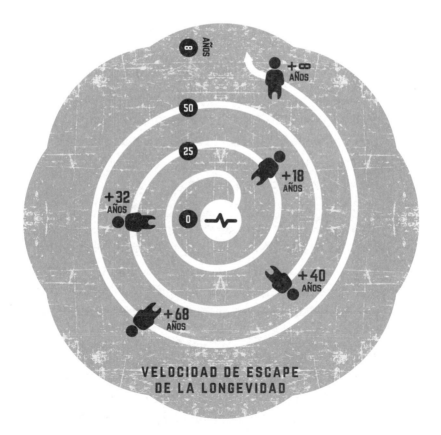

VELOCIDAD DE ESCAPE
DE LA LONGEVIDAD

Investigadores del futuro como Ray Kurzweil o Aubrey de Grey son optimistas y dicen que en cuestión de décadas obtendremos la velocidad de escape. Otros científicos son menos optimistas y predicen que alcanzaremos un techo que no podremos superar, una edad máxima que, por mucha tecnología que tengamos, no podremos vencer.

La biología actual, por ejemplo, asegura que la capacidad de nuestras células para regenerarse difícilmente puede ir más allá de los 120 años.

Mente activa, cuerpo joven

Hay mucha sabiduría en el clásico lema *mens sana in corpore sano:* nos recuerda que tanto la mente como el cuerpo son importantes y la salud de uno está interconectada con el otro. Se ha comprobado ampliamente que entre los factores esenciales para mantenerse joven está tener una mente activa, flexible y capaz de seguir aprendiendo.

Una mente joven impulsa al individuo a buscar un estilo de vida saludable que retrasará el envejecimiento.

Igual que la falta de ejercicio físico deteriora el cuerpo y afecta al ánimo, también la falta de ejercicio mental repercute negativamente en el individuo, ya que provoca la pérdida de neuronas y conexiones neuronales y, por lo tanto, la disminución de la capacidad reactiva.

Por ello es tan importante la gimnasia para el cerebro.

Un pionero de la defensa del ejercicio mental es el neurocientífico Shlomo Breznitz, que defiende que el cerebro necesita muchos estímulos para mantenerse en forma:

«Hay una contradicción entre lo que es bueno para la persona y lo que le apetece hacer. Porque a la gente, sobre todo a la gente mayor, le gusta hacer las cosas como las ha hecho siempre. El problema es que cuando el cerebro desarrolla rutinas muy fuertes, ya no necesita pensar. Todo se hace automáticamente, con mucha rapidez y eficacia, e incluso de forma más rentable. De modo que existe la tendencia a aferrarse a las rutinas, y la única forma de salir de ellas es confrontando el cerebro con información nueva», aseguraba para una entrevista en el programa Redes de Eduard Punset.

De esa forma, al introducir nueva información, el cerebro crea conexiones nuevas y se revitaliza. Por ello es importante exponerse al cambio aunque aumente el nivel de ansiedad al salir de la zona de confort.

Los efectos del entrenamiento mental han sido probados científicamente. Breznitz los considera beneficiosos en varios niveles: «Empiezas a entrenar el cerebro, y lo haces mediante una tarea a la que te enfrentas por primera vez. Y te parece muy difícil, pero como estás aprendiendo, el entrenamiento funciona. Y la segunda vez te das cuenta de que te resulta más fácil, no más difícil, porque lo haces cada vez mejor. El efecto que tiene sobre el estado de ánimo de la persona es fantástico. En sí misma, es una transformación que no sólo afecta a los resultados que obtienen, sino también a la percepción que tienen de sí mismos».

El mencionado «entrenamiento mental» de Breznitz puede sonar a algo sofisticado, pero simplemente con interactuar socialmente con otras personas mayores, por ejemplo a través del juego, evita la depresión a la que puede llevar la soledad, y nos procura nuevos estímulos.

A partir de los veinte años las neuronas empiezan a envejecer, pero este proceso se ve ralentizado a través del trabajo intelectual, la curiosidad y las ganas de aprender. Enfrentarse a situaciones nuevas, aprender algo nuevo cada día, jugar e interactuar con otras personas parece ser vital para el *antiaging* mental. Cuanto más positiva sea nuestra actitud en ese sentido, mayores serán los beneficios para nuestra mente.

- -

El estrés: presunto asesino de la longevidad

Muchas personas parecen más ancianas de lo que son. Al estudiar los motivos de este envejecimiento prematuro, se comprobó que el estrés tenía mucho que ver, pues en periodos de crisis, el cuerpo se desgasta mucho más. Tras investigar este proceso degenerativo, el Instituto Americano del Estrés llegó a la conclusión de que *la mayoría de los problemas de salud están causados por el estrés.*

En este mismo sentido, el Hospital Universitario de Heidelberg realizó un estudio en el que sometió a un joven médico a una entrevista de trabajo, un proceso siempre estresante, que además hicieron más tenso al hacerle preguntas matemáticas complicadas durante media hora.

Posteriormente, le tomaron una muestra de sangre, de la que estudiaron sus componentes. Lo que descubrieron fue que los anticuerpos habían reaccionado ante el estrés de la misma forma en que lo habrían hecho ante los agentes patógenos, activando las proteínas que inician la respuesta inmunológica. El problema es que, además de neutralizar los agentes nocivos, también dañan células sanas haciendo que envejezcan prematuramente.

Siguiendo esta misma línea de investigación, la Universidad de California realizó un estudio, en 2004, donde recogieron datos y muestras de treinta y nueve mujeres sometidas a un alto nivel de estrés debido a las enfermedades de sus hijos. Luego los compararon con mujeres de perfil parecido, pero que tenían hijos sanos y niveles bajos de estrés.

Gracias a estas muestras, comprobaron que el estrés potencia el envejecimiento celular, porque altera los telómeros de las células. Ante estas situaciones, los telómeros se vuelven débiles, afectando a su vez a la renovación celular en la que participan activamente.

El estudio demostró que a más estrés, mayor era el efecto degenerativo producido en estas células.

¿Cómo funciona el estrés?

Actualmente, muchas personas viven a ritmos trepidantes y en condiciones de competencia casi continua. En esa tesitura, el estrés es una respuesta natural causada por la información que el cuerpo recibe como potencialmente peligrosa o difícil.

A priori, esta es una reacción útil para el organismo, ya que le permite sobrevivir en entornos arduos. El ser humano, durante su evolución, ha utilizado esta respuesta para enfrentarse a las dificultades y huir de los depredadores.

El mensaje de alerta hace que las neuronas activen la glándula pituitaria, que produce la hormona liberadora de corticotropina, que se disemina por el cuerpo a través del sistema simpático. Posteriormente, se activa la glándula suprarrenal, que libera adrenalina y cortisol. La adrenalina aumenta las frecuencias respiratoria y cardiaca y prepara los músculos para la acción. De esta forma, el cuerpo está preparado para reaccionar con rapidez ante el supuesto peligro.

Por otro lado, el cortisol aumenta la liberación de glucosa en sangre y de dopamina, que es la que posteriormente nos «carga las pilas» para enfrentarnos a un desafío.

HUMANOS DE LAS CAVERNAS	HUMANOS DE LA ERA MODERNA
La mayoría del tiempo estaban relajados.	La mayoría del tiempo están trabajando y atentos a cualquier amenaza.
Sólo sentían estrés en momentos muy concretos.	24 horas conectados y esperando notificaciones en el teléfono móvil.
Las amenazas eran reales: un depredador podía terminar con su vida en cualquier momento.	El cerebro asocia la vibración del móvil o un e-mail nuevo a la amenaza de un depredador.
Las altas dosis de cortisol y adrenalina en momentos de amenaza servían para mantener el cuerpo sano.	Bajas dosis de cortisol invaden el cuerpo continuamente.

En un nivel razonable, estos procesos son beneficiosos, ya que nos ayudan a superar los retos del día a día. Sin embargo, el estrés al que está sometido el ser humano en los tiempos actuales resulta claramente perjudicial.

Un estrés prolongado en el tiempo es degenerativo, ya que un estado de alerta sostenido afecta a las neuronas asociadas a la memoria y produce, además, una inhibición de la secreción de ciertas hormonas cuya carencia puede provocar depresión. Por otra parte, puede acarrear como efecto secundario irritabilidad, insomnio y ansiedad, además del aumento de la presión arterial.

Es por ello que, aunque los desafíos son positivos para el cuerpo y la mente, que se mantienen activos, un estrés continuo excesivo debe ser replanteado para evitar el envejecimiento prematuro de nuestro cuerpo.

- -

REMEDIOS JAPONESES
PARA MITIGAR EL ESTRÉS

- Bañarse más tiempo del normal, escuchando música mientras te relajas. Hay sales de baño que promueven la distensión muscular.
- Tener la mesa de trabajo, la casa, la habitación y todo a tu alrededor limpio y ordenado. Si te notas estresado, quizás lo primero que tengas que hacer es poner orden en tu entorno.
- Hacer ejercicio, estiramientos y respiraciones profundas.
- Llevar una dieta equilibrada.
- Un masaje en la cabeza haciendo presión con los dedos.
- Meditación de cualquier tipo. Se recomienda ir a un templo a hacerlo en grupo, porque es más probable seguir meditando durante largos periodos de tiempo que si lo haces en solitario.

- -

Reducir el estrés a conciencia

Sea o no real la amenaza que siente nuestra mente, el estrés es una afección fácilmente identificable, ya que, además de causar ansiedad, es altamente psicosomática y altera desde el sistema digestivo hasta la piel.

Por ello es importante prevenirlo para evitar sus estragos. Para ello, muchos expertos recomiendan la práctica de la conciencia plena *(mindfulness)*.

Según este programa de reducción del estrés, lo que hay que hacer es principalmente atender a nuestro propio yo: *Estar atentos a nuestras respuestas aunque sean rutinarias, para ser conscientes de ellas*. De esta forma, se conecta con el ahora y se reducen los pensamientos descontrolados.

«Hay que aprender a apagar el piloto automático que nos maneja, que nos mete en un bucle continuo. Todos conocemos a gente que come uno o dos pinchos mientras consulta el teléfono o mira algún dosier. Le preguntas si la tortilla que comió tenía cebolla o no y no saben qué contestarte», aseguraba para una entrevista Roberto Alcíbar, quien, tras sufrir un grave cuadro de estrés debido a una enfermedad, abandonó su vida frenética para convertirse en profesor de *Mindfulness*.

Una de las formas de lograr este estado es la meditación, que puede ayudar a filtrar la entrada de información externa al cuerpo. El *mindfulness* también puede alcanzarse a través de ejercicios de respiración, yoga y exploración del cuerpo.

El autor del libro *Con rumbo propio, disfruta de la vida sin estrés*, Andrés Martín, animaba en una entrevista a utilizar la conciencia plena en las siguientes situaciones:

- Al despertar hasta el momento de levantarse.
- Al prepararse para salir de casa.
- Al desplazarse de un lugar a otro, ya sea caminando o en un transporte.
- En los periodos de espera.
- Entre dos tareas diferentes.
- Al pararse a tomar algo o comer.
- Practicando ejercicio físico.
- Haciendo las tareas rutinarias del hogar.
- Al descansar y al acostarse.

Conseguirlo requiere entrenarse gradualmente, pero con la práctica se activa la atención plena que mitiga el estrés y, por tanto, alarga la vida.

El estrés leve, bueno para la salud

Así como el estrés sostenido y excesivo es un reconocido enemigo de la longevidad y de la salud, tanto física como mental, los niveles bajos de estrés han demostrado ser beneficiosos para el individuo.

El profesor Howard Friedman, de la Universidad de California, probó este lado positivo del estrés controlado.

Tras observar la evolución de los sujetos de estudio durante más de veinte años, llegó a la conclusión de que las personas que tenían un bajo nivel de estrés y se comprometían con los retos y trabajaban con más ahínco para conseguir éxitos, vivían más que aquellas que escogían un estilo de vida más apacible y con una jubilación más temprana.

Friedman llegó a la conclusión entonces de que el estrés en pequeñas dosis es positivo, ya que «*los que viven con un nivel leve de estrés tratan de tener hábitos más saludables, fuman menos y consumen menos alcohol*», atestiguó el investigador al terminar su estudio.

De esa forma, no es de extrañar que muchas de las personas supercentenarias que conoceremos en este libro hablen de vidas intensas en las que han trabajado hasta la ancianidad.

El sedentarismo, enemigo de la juventud

Sobre todo en el mundo occidental, el creciente sedentarismo del ser humano está potenciando la aparición de numerosas enfermedades como la hipertensión o la obesidad, algo que afecta a la longevidad del individuo.

El estilo de vida del sedentario implica muy poco ejercicio físico, ya no sólo a nivel deportivo, sino en las rutinas diarias.

Estar demasiado tiempo sentado, en el trabajo o en casa, no sólo reduce la tono muscular y la capacidad respiratoria, sino que provoca un aumento del apetito y disminuye las ganas de realizar actividades motivadoras.

Por eso mismo, el sedentarismo puede favorecer la aparición de hipertensión, desajustes en la alimentación, enfermedades cardiovasculares, osteoporosis e incluso ciertos tipos de cáncer.

Para acabar de corroborarlo, estudios recientes han detectado una conexión entre el sedentarismo y la malformación progresiva de los telómeros de las células inmunológicas, que provocaría un mayor envejecimiento celular y, por tanto, del organismo.

Es un problema que se encuentra además en todas las etapas de la vida, no sólo en la adulta. Los niños sedentarios tienen una alta tasa de obesidad, con los problemas y riesgos médicos que ello conlleva.

Por eso es importante seguir una vida activa y saludable, incluso desde edad temprana.

Luchar contra el sedentarismo es fácil; con tan sólo unos cambios de rutinas y un poco de fuerza de voluntad se puede conseguir. Tener un estilo de vida más activo, que nos llevará a sentirnos mejor por dentro y por fuera, está al alcance de todos, agregando unos pocos ingredientes a nuestra vida diaria:

- *Caminar al trabajo, o hacerlo por placer*, al menos veinte minutos al día.
- *Usar los pies, en vez del ascensor o las escaleras mecánicas* favorece la postura corporal, los músculos y el sistema respiratorio entre otras cosas.
- *Realizar actividades de ocio o sociales* para evitar pasar demasiado tiempo delante del televisor.
- *Cambiar los snacks por frutas*, ya que así se alivian igualmente las ganas de picar y se aportan nutrientes beneficiosos al organismo.
- *Dormir lo justo y necesario.* De siete a nueve horas al día está bien, pero superar ese tiempo nos sumirá en el letargo.
- *Jugar con niños, con mascotas o apuntarse a algún deporte* no sólo tonifica el cuerpo, sino que activa la mente y favorece la autoestima.
- *Estar atentos a nuestra vida diaria* para detectar las rutinas nocivas y sustituirlas por otras más positivas.

Realizando estos pequeños cambios ayudaremos a rejuvenecer nuestro cuerpo y nuestra mente y alargaremos nuestra esperanza de vida.

- -
La vejez se refleja en la piel

Aunque se envejece tanto por fuera como por dentro, física y mentalmente, uno de los principales factores que nos hablan de la edad de las personas es su piel. Recubre el cuerpo y se flexiona para producir expresiones faciales, y toma tintes y texturas diferentes en función de los procesos sistémicos del cuerpo.

Envejecer es un proceso natural, inherente al ser humano, que no se puede evitar. Pero sí pueden atenuarse sus síntomas, e incluso retrasarse, y hasta se puede rejuvenecer.

Para conseguir influir en nuestro proceso de envejecimiento, es importante saber cómo se produce y por qué. La Clínica Tomassetty, especializada en medicina antienvejecimiento, explica cómo se produce el envejecimiento de la piel.

La piel se renueva constantemente reemplazando las células más antiguas por otras más jóvenes. A partir de los veinticinco años, este proceso de renovación se ralentiza y se hace más vulnerable a los factores ambientales. En la madurez, los signos de envejecimiento se manifiestan en la piel. Las líneas se acentúan y aparecen las manchas.

Sin embargo, no todos envejecemos al mismo ritmo, y las causas de este ritmo diferente son tanto genéticas como ambientales.

BELLEZA BLANCA

«La piel blanca cubre las siete imperfecciones», sería la traducción literal de un antiguo refrán japonés, que también se podría traducir como *«Incluso una mujer fea es bella si cubre sus imperfecciones con su piel blanca».* Desde hace siglos, en Japón se considera que, sobre todo en las mujeres, la piel, cuanto más blanca, mejor.

Las *geishas* y *geikos*, que están consideradas como el ideal de belleza japonés, se pintan la cara de blanco puro, tan blanco que un occidental, al ver una geisha, tiene la sensación de estar viendo un fantasma.

Dentro de la industria de cosméticos japoneses hay toda una gama de productos blanqueadores que se llaman *cosméticos bihaku* (美白, donde *bi* 美 es belleza y *haku* 白 es blanca). Estos cosméticos son todo un fenómeno no sólo en Japón; también se están extendiendo a otros países como Corea del Sur y ciertas regiones de China como Shangái o Taiwán.

En Japón es común ver a gente caminando con parasoles en verano e incluso usando guantes para que no les dé el sol en las manos. Las mujeres japonesas son muy conscientes de lo importante que es no dejar que los rayos ultravioleta envejezcan su piel. Tal vez por eso la World Cancer Research Fund señaló que Japón es uno de los países con menos incidencia de cáncer de piel del mundo.

De hecho, muchos productos de maquillaje llevan protección ultravioleta incorporada.

El sol es el principal causante del envejecimiento prematuro. Los melanocitos —las células que crean melanina— aceleren su producción de pigmento, además de fragmentar la dermis y potenciar la aparición de líneas y arrugas. Además, la luz ultravioleta puede dañar las células y provocar cáncer de piel.

Algunos consejos para alargar la juventud de la piel:

1. Usar protector solar en verano y siempre que estemos expuestos más de una hora al astro rey.
2. Beber un par de litros de agua al día para que la piel pueda recibir su adecuada hidratación.
3. Evitar los alimentos demasiado salados o picantes, ya que acostumbran a resecar la piel.
4. No fruncir constantemente el ceño, juntando las cejas o arrugando la nariz. Las personas permanentemente enfadadas lo pagan envejeciendo antes, también por fuera.
5. Lavar la piel con agua pura, sobre todo antes de acostarse.
6. Dormir suficientes horas.

- -
El secreto mejor guardado de las modelos

La mayoría de profesionales de la pasarela aseguran dormir 9 o 10 horas antes de los desfiles. Esto hace que su piel se vea más tersa y sin arrugas, además de presentar un tono vital más luminoso y saludable.

La medicina ha demostrado que dormir bien es un elemento *antiaging* definitivo. Entre otras cosas porque al dormir producimos melatonina, una hormona que se encuentra de forma natural en el organismo. La produce la glándula pineal a partir de la serotonina, influida por los ciclos diurnos y nocturnos, y participa en la regulación de los ciclos de sueño y vigilia. Esta hormona contribuye a alargar la vida gracias a su alto poder antioxidante, y presenta además los siguientes beneficios:

- Mejora el sistema inmunitario.
- Supone un factor protector contra el cáncer.
- Favorece la producción natural de insulina.
- Retrasa la aparición del Alzheimer.
- Previene la osteoporosis.
- Combate los problemas cardiovasculares.

Por todos estos motivos, la melatonina es un gran aliado de la juventud sostenida.

Sin embargo, hay que notar que la producción de melatonina disminuye a partir de los treinta años, lo cual puede compensarse con las siguientes medidas:

- Comer equilibradamente y aumentar la ingesta de calcio.
- Exponerse al sol diariamente de forma controlada.
- Dormir las horas necesarias.
- Evitar el estrés, el alcohol, el tabaco y la cafeína, que dificultan el buen sueño, con lo que nos privamos de la serotonina necesaria.

Los expertos investigan si estimular de forma artificial su producción podría ayudar a retrasar el envejecimiento, lo cual confirmaría que el secreto para la longevidad se encuentra en nuestro propio cuerpo.

CONSEJOS PARA DORMIR BIEN
DE LA ASOCIACIÓN JAPONESA
DE LA SALUD NERVIOSA

- No hacer actividades que nos alteren antes de dormir. No ver la tele, usar el ordenador, ni mirar ningún tipo de pantalla tres horas antes de dormir.
- No tomar nada con cafeína al menos 10 horas antes de ir a dormir.
- Cenar al menos tres horas antes de dormir y no comer nada entre la cena y la hora de acostarse.
- Crear una rutina que nos lleve de forma natural a dormir. Por ejemplo, darnos un baño de agua caliente y después ir directamente a la cama. Darse un baño con agua caliente (*ofuro*) es una de las tradiciones japonesas que se mantiene desde la antigüedad y que no se ha perdido en la modernidad. El agua de un *ofuro* se suele poner entre 40 y 44 grados. Muchos japoneses usan sales de baño en la bañera.
- Al salir del *ofuro*, dedicar un par de minutos a hacer estiramientos.
- Reducir la intensidad de la iluminación de la sala en la que estés unas horas antes de dormir.
- Dar las gracias por el día que acabamos de vivir antes de meternos en la cama a dormir.
- Si aun así tienes dificultades para conciliar el sueño en la cama, respira profundamente contando cada inhalación y expiración hasta llegar a cien.

Actitudes personales contra el envejecimiento

La mente tiene un poder decisivo sobre el cuerpo y también sobre su velocidad de envejecimiento. Tanto es así que la mayoría de médicos coinciden en que el secreto de la juventud del cuerpo reside en mantener una mente joven y activa, como los centenarios japoneses, y una actitud de desafío ante las dificultades que podemos encontrar durante el camino de la vida.

Un estudio realizado en la Universidad de Yeshiva determinó que las personas longevas comparten dos actitudes vitales comunes y determinantes: el *positivismo* y una *expresividad emocional* elevada. Por lo tanto, aquellos que aceptan los retos con buena actitud y son capaces de gestionar sus emociones tienen ganada buena parte del pasaje a la longevidad.

Una *actitud estoica* —la serenidad ante las dificultades— también potencia la prolongación de la juventud, ya que reduce los niveles de ansiedad y estrés, y estabiliza la conducta. Esto se refleja en la mayor esperanza de vida de algunas culturas con un estilo de vida ordenado y pausado.

Otra actitud marcadamente antienvejecimiento es la de *huir del hedonismo* y la satisfacción de los caprichos y las ansias instantáneas. Ceder ante las tentaciones, especialmente alimentarias, lleva a una mala nutrición que debilita el organismo.

Otro rasgo muy común entre las personas longevas es su dieta sana y comedida, como veremos al regresar a Okinawa, y su renuncia a las sustancias nocivas para el organismo.

Las personas que se han mantenido activas, física y mentalmente, durante su madurez, suelen llegar a una vejez más suave y placentera, con un organismo más preparado para luchar contra los achaques y las enfermedades.

Por ello, al hablar de personas centenarias o supercentenarias —las que tienen 110 años o más—, no es raro ver un perfil común: hombres y mujeres que han tenido una vida plena, dura en muchas ocasiones, pero que han sabido afrontar con actitud positiva y sin dejarse vencer por los obstáculos.

Alexander Imich, que llegó a ser el varón más anciano del mundo con 111 años de edad, tenía claro que poseía buenos genes, pero que había otras cosas importantes para vivir mucho tiempo: *«El tipo de vida que uno vive es tanto o más importante para la longevidad»*, aseguró en una entrevista tras ser inscrito en el Récord Guiness del 2014.

- -
Un poema para vivir mucho

El profesor Roberto Abadie Soriano dedicó sus años a enseñar a los niños y a redactar los libros de lectura oficiales de Uruguay. A los 92 años de edad, cuando vivía en el Sanatorio Impasa de Montevideo, elaboró un poema que resumía los secretos para una vida larga.

El doctor Jorge de Paula, que trató al profesor durante su estancia en la residencia, lo hizo público un tiempo después:

Vida sana y ordenada
La comida, moderada
No abusar de los remedios
Buscar por todos los medios
No alterarse por nada
Ejercicio y diversión
No tener nunca aprehensión
Poco encierro, mucho trato
Y continua ocupación.

Aprendiendo este poema y aplicándolo a nuestra forma de vivir, podemos convertirnos en una de esas personas longevas que disfrutan de una vida larga y plena.

III

MAESTROS
DE LA LARGA VIDA

Testimonios de los más longevos
de Oriente y Occidente

Cuando iniciamos el proyecto de este libro, además de investigar todos los aspectos que inciden en una vida larga y feliz, nos interesaba mucho el testimonio de los verdaderos maestros de este arte.

El resultado de nuestras entrevistas personales en Okinawa ha merecido un capítulo aparte, pero en esta sección previa hemos querido reseñar la filosofía de vida de los campeones de la longevidad. Hablamos de los *supercentenarios*.

No son superhéroes, pero podría considerárseles como tales por conseguir estar en el mundo mucho más de lo que marca la esperanza de vida media.

Y es que los supercentenarios son aquellos seres humanos que han alcanzado y superado la edad de 110 años.

Este término fue acuñado en la década de 1970 por el editor del libro Guiness de los Récords, Norris McWhirter. Posteriormente, su uso fue normalizado en los noventa tras su aparición en el *Generaciones*, de Neil Hower y William Strauss.

Actualmente, se calcula que debe de haber entre trescientos y cuatrocientos cincuenta supercentenarios en el mundo, aunque tan sólo se haya probado la edad de alrededor de setenta y cinco de ellos. Esto se debe a que, en muchos casos, no existen registros oficiales sobre su nacimiento o edad, o bien se han perdido.

Debido a que la esperanza de vida va en aumento en términos globales, es posible que también aumente el número de supercentenarios. Una vida saludable y con propósito puede ayudarnos a entrar en esta élite de superhéroes de la longevidad.

Veamos la vida y opiniones de algunos de ellos.

MISAO OKAWA (117):
«Coma y duerma, y vivirá mucho tiempo.
Hay que aprender a relajarse»

Según una clasificación elaborada por el Grupo de Investigación en Gerontología, la persona viva más longeva hasta mayo de 2015 era Misao Okawa, fallecida a los 117 años y 27 días en una residencia de Osaka.

Hija de un comerciante de textil, había nacido en 1898, cuando España perdió Cuba y Filipinas, y Estados Unidos se anexionó Hawái y lanzó la Pepsi-Cola.

Hasta los 110 años, esta mujer, que vivió en tres siglos diferentes, se había valido totalmente por sí misma.

Cuando los especialistas le preguntaban por sus hábitos para cuidarse, Misao se limitaba a responder: *«Comer sushi y dormir»*, a lo que habría que añadir una excepcional hambre de vivir. Al ser preguntada por el secreto de su larga vida, contestó con excelente humor: *«Yo también me lo pregunto»*.

Prueba de que Japón sigue siendo una fábrica de longevos, en julio del mismo 2015 moría Sakari Momoi con 112 años y 150 días, convirtiéndose en el varón más anciano del mundo, a pesar de ocupar el puesto 58, bajo un *ranking* con 57 mujeres.

MARÍA CAPOVILA (116):
«Lo único que he hecho es no comer carne en toda mi vida»

Nacida en Ecuador en 1889, llegó a ser la persona más longeva reconocida por el Record Guiness en 2008. Murió a los 116 años y 347 días de edad tras una neumonía, dejando tras de sí a tres hijos, doce nietos, veinte bisnietos y dos tataranietos. Con 107 años concedía una de sus últimas entrevistas. En ella relataba sus recuerdos y sus pensamientos:

«Me siento contenta y le doy gracias a Dios, que me conserva todavía. Nunca pensé que viviría tanto tiempo, pensé que me moriría pronto. Mi esposo, Antonio Capovilla, capitán de fragata, falleció a los 84 años. Tuvimos tres hijas y un hijo, y tengo muchos nietos, y también bisnietos.

Los tiempos de antaño eran mejores que los de ahora. Las costumbres eran mejores. Antes bailábamos moderadamente; a mí me gustaba mucho bailar una canción que se llamaba María, de Luis Alarcón, de la que todavía recuerdo una buena parte de la letra. También recuerdo muchas oraciones, y rezo cada día.

Me gusta el vals, y todavía bailo. Además hago manualidades, todavía conservo cosas que hice cuando iba al colegio.»

Tras rememorar su pasado, se animó a bailar, una de sus grandes pasiones, con una energía que la hacía parecer varias décadas más joven.

Al preguntarle sobre su secreto para la longevidad, respondía de forma sencilla: *«No sé cuál es el secreto para vivir tanto. Yo lo único que he hecho es no comer carne en toda mi vida. A eso lo atribuyo».*

JEANNE CALMENT (122):
«Todo está bien»

Nacida en febrero de 1875 en Arlés (Francia) y fallecida el 4 de agosto de 1997, se ha convertido en la persona más longeva de la historia de la que se puede confirmar su edad.

Aseguró en broma que «*competía con Matusalén*». Y lo cierto es que batió numerosos récords a medida que contaba años.

Falleció por causas naturales tras una vida placentera en la que no se privó de casi nada. Hasta los 100 montaba en bicicleta. Vivió en su casa hasta los 110, cuando aceptó ir a una residencia tras provocar por accidente un pequeño incendio en su apartamento. Dejó de fumar a los 120, al tener problemas para llevarse el cigarrillo a la boca debido a las cataratas.

Quizás uno de sus secretos fuera su buen humor: «*Veo poco, escucho mal, no puedo sentir nada, pero todo está bien*», afirmó en su centésimo vigésimo cumpleaños.

WALTER BREUNING (114):
«Si mantienes tu mente ocupada y tu cuerpo ocupado, estarás por aquí bastante tiempo»

Nacido en Minnesota en 1896, Walter Breuning también tuvo la oportunidad de ver pasar tres siglos diferentes a lo largo de su vida. Fallecido en Montana en 2011 por causas naturales, tuvo dos esposas y trabajó durante cincuenta años para la compañía de ferrocarriles. Posteriormente, se retiró a vivir con 83 años a un centro asistido en Montana, donde permaneció hasta su muerte.

Breuning fue reconocido como el hombre más longevo del mundo en 2009, y a su muerte fue declarado el tercer hombre verificado más anciano de Estados Unidos.

Concedió numerosas entrevistas en sus últimos años de vida, y aseguró que su longevidad se basaba, entre otras cosas, en su hábito de tomar dos comidas diarias y trabajar tantos años como se pueda. *«Si mantienes tu mente ocupada y tu cuerpo ocupado, estarás por aquí bastante tiempo»*, afirmó en su ciento doceavo cumpleaños. Por aquel entonces todavía realizaba ejercicio todos los días.

Otro de los secretos de Breuning era su hábito de ayudar a los demás y su ausencia de temor a la muerte. *«Todos vamos a morir. Algunas personas están asustadas de la muerte. Nunca te asustes de ella, porque todos hemos nacido para morir»*, declaró en 2010 en una entrevista para Associated Press.

Antes de morir en 2011, cuentan que le dijo al pastor que estaba a su lado que había llegado a un acuerdo con Dios, según el cual, si ya no iba a mejorar, era el momento de irse.

ALEXANDER IMICH (111):
«Simplemente, no me he muerto antes»

Nacido en Polonia en 1903, Alexander Imich fue un químico y parapsicólogo afincado en los Estados Unidos que, en 2014, se convirtió en el varón documentado más longevo del mundo tras fallecer su predecesor. El propio Imich murió poco después, en junio de aquel año, dejando tras de sí una larga vida llena de vivencias.

En conmemoración de su récord, el *Dailymail* elaboró una cronología con los acontecimientos históricos que Imich había vivido:

- 1903: El primer peluche Teddy Bear sale a la venta en Estados Unidos y Orville Wright realiza su primer vuelo en Carolina del Norte.
- 1905: Einstein crea la fórmula $E = mc^2$.
- 1908: El primer Ford T sale de las fábricas de Detroit.
- 1912: Se hunde el *Titanic*.
- 1914: Se inicia la Primera Guerra Mundial.
- 1923: Se realiza la primera transmisión de voces por encima del Atlántico.
- 1928: Alexander Flemming inventa la penicilina.
- 1939: Se inicia la Segunda Guerra Mundial.
- 1955: Se abre el parque de Disneyland en California.
- 1963: El presidente Kennedy es asesinado.
- 1969: Llegan Internet y el primer hombre a la Luna.
- 1977: La Guerra de las Galaxias se estrena en los cines.
- 1986: Se produce el desastre del Challenger.
- 1989: Cae el Muro de Berlín.
- 1997: Muere la princesa Diana de Gales.

- 2001: La Wikipedia entra en Internet.
- 2005: Hace su aparición Youtube.
- 2009: Obama se convierte en el primer presidente afroamericano de los Estados Unidos.

Atribuía su longevidad, entre otras cosas, a no beber nunca alcohol. *«No es como si hubiese ganado un Premio Nobel. Nunca pensé que llegaría a ser tan viejo»*, dijo cuando se le declaró el hombre más anciano. Al ser preguntado por su secreto para una vida tan larga, su respuesta fue: *«No lo sé. Simplemente, no me he muerto antes»*.

Los artistas del *ikigai*

Los secretos de una vida larga, sin embargo, no son exclusivos de los supercentenarios. Hay ancianos que no han entrado en el Libro Guiness de los Récords, pero que nos aportan inspiraciones lúcidas para dar sentido y energía a nuestros días.

Tienen ese poder, por ejemplo, las visiones de los artistas que, en lugar de jubilarse, han decidido mantener viva la llama de su *ikigai*.

El arte en todas sus formas es un *ikigai* que tiene el poder de darnos felicidad y propósito en la vida. Disfrutar de la belleza o crearla no cuesta dinero, es algo a lo que tenemos acceso todos los seres humanos.

Hokusai, un artista japonés de grabados Ukiyo-e que vivió en el siglo XIX hasta cumplir los 88 años añadió una posdata a la primera impresión de su «Cien vistas del Monte Fuji»: ***«Todo lo que he producido antes de los 70 no merece ser con-***

tado. Fue a los 73 cuando, de alguna forma, empecé a entender la estructura de la verdadera naturaleza, de los animales y las hierbas, los árboles y los pájaros, los peces y los insectos; como consecuencia, a los 80 años debo de haber hecho aún más progresos; a los 90 espero haber penetrado en el misterio de las cosas; a los 100 decididamente debería haber alcanzado una maestría maravillosa, y cuando tenga 110, todo lo que haga, cada punto y cada línea, debería ser instinto de vida».

A continuación, hemos reunido algunas de las mejores inspiraciones de artistas séniores entrevistados en el *New York Times* por Camille Sweeney. Todos ellos son artistas que no se han retirado todavía y siguen disfrutando de su pasión, o que siguieron trabajando hasta su último suspiro, demostrando que, cuando uno tiene un propósito claro, no hay quien nos pare.

El actor Christopher Plummer, que sigue en activo con 86 años, declara un deseo oculto de los actores que realmente aman su profesión: «*Queremos morir en el escenario. Sería una forma muy teatral de irse*».

Algo parecido manifestó Osamu Tezuka, el padre del manga japonés. Antes de morir en Tokio, en 1989, mientras dibujaba su última viñeta, sus últimas palabras fueron: «*¡Te lo pido por favor, déjame trabajar!*»

El artista Frederik Wiseman, cineasta de 86 años, en un paseo por París, declaró que le gustaba trabajar, y por eso lo hacía intensamente. «*Todo el mundo se queja de sus dolores y sus achaques y todo eso, pero mis amigos o están muertos o siguen trabajando*», afirmaba.

Carmen Herrera, pintora de 100 años, vendió su primera pintura a los 89 años. Hoy sus obras están en la colección permanente del Museo de Arte Moderno y el Tate Modern.

Cuando la periodista le preguntó cómo veía su futuro a los 99 años, declaró: «*Mi motivación es terminar el siguiente proyecto. Voy día a día*».

APRENDER, SIEMPRE APRENDER

«Podrás hacerte viejo y tembloroso, podrás permanecer despierto de noche escuchando el desorden en tus venas, podrás añorar tu único amor, podrás ver el mundo a tu alrededor devastado por maníacos malvados, o tu honor pisoteado en las cloacas de las mentes simples. Sólo queda una cosa entonces: aprender. Aprender por qué el mundo se mueve y qué lo mueve. Es la única cosa que la mente nunca puede agotar, alienar, ni ser torturada por ello, ni temer ni desconfiar, y ni soñar con lamentarlo.»

T. H. WHITE, *El único y futuro rey*

Por su parte, el naturalista y autor de 86 años Edward O. Wilson afirmaba: «*Siento que tengo suficiente experiencia para unirme a los que hacen las grandes preguntas. Hace unos diez años, cuando empecé a leer y pensar más sobre qué somos, de dónde venimos y a dónde vamos, me sorprendí de lo poco que nos lo preguntamos*».

Ellsworth Kelly, una artista fallecida a los 92 años, aseguraba que lo de perder facultades con la edad es, en parte, un mito, ya que se compensa con una mayor lucidez y capacidad de observación: «*Al hacerte mayor, cada vez ves más... Cada día veo cosas nuevas. Por eso sigo pintando*».

El arquitecto Frank Gehry, a sus 86 años, afirma que los grandes edificios «*requieren siete años desde que eres contratado hasta que los acabas*», lo que promueve una actitud paciente ante el paso del tiempo. El autor del Guggenheim sabe, sin embargo, vivir momento a momento: «*Pertenecemos a este tiempo, no tiene sentido mirar hacia atrás. Si te identificas con el tiempo en el que vives, mantienes los ojos y las orejas abiertas, lees el periódico, ves lo que pasa y te mantienes curioso respecto a todo, automáticamente te mantendrás en tu tiempo*».

LA LONGEVIDAD EN JAPÓN

Aunque muchas de las personas certificadas como más longevas se encuentran en Estados Unidos, debido a sus amplios registros civiles, en muchos pueblos remotos de otros países pueden encontrarse numerosos centenarios. La vida contemplativa y rural parece ser un lugar común para estos ancianos que ven pasar los siglos.

Y, sin duda, el país estrella en lo referente a longevidad es Japón, que tiene la esperanza de vida más alta del mundo.

Además de su dieta, que veremos con más detalles, y del sistema de salud integrado (van al médico muy a menudo y se realizan chequeos completos para prevenir las enfermedades de forma precoz), la longevidad de Japón está muy relacionada con su cultura, como veremos más adelante en este libro.

Su sentimiento de comunidad y el hecho de que los japoneses se esfuercen en seguir ocupados hasta el final son fundamentales para vivir muchos años.

Para estar siempre activo, incluso cuando no hay necesidad de trabajar, hay que tener un *ikigai* en el horizonte, un propósito que guíe a la persona a lo largo de su vida y le impulse a crear belleza y utilidad para la comunidad y para sí misma.

Antes de adentrarnos en la filosofía japonesa que subyace a esta idea, vamos a explorar una corriente psicológica y una terapia, de Centroeuropa y Japón respectivamente, que pusieron el propósito vital en el punto de mira.

- -

IV

DE LA LOGOTERAPIA AL *IKIGAI*

La importancia de encontrar
un sentido a la existencia
para vivir más y mejor

¿Qué es la logoterapia?

Cuando un colega le pidió que definiera su escuela en una sola frase, Frankl respondió: «*Pues bien, en la logoterapia, el paciente permanece sentado, bien derecho, pero tiene que oír cosas que, a veces, son muy desagradables de escuchar*». Ese mismo colega le había definido el psicoanálisis de esta forma: «*En el psicoanálisis, el paciente se tiende en un diván y le dice a usted cosas que, a veces, son muy desagradables de decir*».

Frankl explica que una de las primeras preguntas que les hacía a sus pacientes era: «*¿Por qué no se suicida usted?*» Y generalmente los pacientes encontraban buenos motivos para no hacerlo y seguir adelante. ¿Qué hace entonces la logoterapia?

Pues la respuesta es bien clara: *encontrar motivos para vivir*.

La logoterapia impulsa al paciente a descubrir conscientemente el sentido de su vida para enfrentarse a sus neurosis. Así, la lucha personal por alcanzar su destino lo motivará a seguir adelante y superar las ataduras mentales del pasado, sorteando los obstáculos que encuentre en su camino.

ALGO POR LO QUE VIVIR

Un estudio realizado por Frankl en su clínica de Viena demostró que, tanto entre los pacientes como entre el personal, alrededor de un 80 % reconocía que el ser humano necesitaba un motivo para vivir, y el 60 % aproximadamente reconocía que alguien o algo en sus vidas hacía que estuvieran dispuestos a morir por esa causa.

La búsqueda de sentido

Puesto que para Frankl el hombre es capaz de vivir y morir por sus principios e ideales, la búsqueda del sentido se convierte en una fuerza primaria y personal que permite al hombre conseguir sus objetivos.

Podemos resumir el proceso de la logoterapia en estos cinco pasos:

1. La persona siente un vacío, una frustración o ansiedad.
2. El terapeuta le hace ver que siente un deseo por tener una vida significativa.
3. El paciente descubre el sentido de su existencia (de ese momento de su vida).
4. A través de la voluntad, el paciente escoge entre aceptar ese destino o no hacerlo.
5. Este nuevo impulso vital le ayuda a sobreponerse a los obstáculos y los pesares.

La experiencia vital que supuso estar prisionero en el campo de concentración de Auschwitz, hizo que Viktor Frankl comprendiera que *«todo le puede ser arrebatado a una persona, excepto una cosa, la última de las libertades humanas: la elección de cómo se enfrenta uno a las circunstancias que le son dadas, la elección del propio camino»*. Fue un proceso que tuvo que vivir él mismo y sin ayuda, pero le inspiró para el resto de su vida.

10 DIFERENCIAS ENTRE PSICOANÁLISIS Y LOGOTERAPIA	
PSICOANÁLISIS	**LOGOTERAPIA**
El paciente se tumba en un diván, como un paciente.	El paciente se sienta frente al terapeuta, quien le guía sin juzgar.
Es retrospectivo, mira al pasado.	Mira hacia el futuro.
Es introspectivo, analiza la neurosis.	No ahonda en la neurosis del paciente.
La voluntad es la del placer.	La voluntad es la del sentido.
Se centra en la dimensión psicológica.	Se adentra en la dimensión espiritual.
Funciona para la neurosis psicogénica (impulsos-instintos).	Funciona también para las neurosis noógenas (principios-principios).
Analiza el origen inconsciente de los conflictos (dimensión instintiva).	Trata los conflictos desde donde y cuando surgen (dimensión espiritual).
Se limita a los hechos instintivos.	Engloba también las realidades espirituales.
Es esencialmente incompatible con la fe.	Es compatible con la fe y con los principios de religiones occidentales sobre la esencia humana.
Busca conciliar los conflictos y complacer los impulsos e instintos.	Busca que el hombre dé sentido a su vida y satisfaga sus principios morales.

Luchar por uno mismo

La frustración existencial aparece cuando el sentido de la vida está ausente o se tuerce. Pero para Frankl, esta frustración no tiene por qué ser anómala o un síntoma de neurosis, sino que puede ser, en cierto grado, positiva: un acicate para cambiar aspectos de la propia vida.

La logoterapia no considera esta frustración una *enfermedad mental*, como otras terapias, sino una *angustia espiritual*.

Para Frankl, el conflicto espiritual es un fenómeno natural y beneficioso para el ser humano, porque impulsa al que lo sufre a buscarle remedio, ya sea con ayuda o por sus propios medios, y alcanzar así una mayor satisfacción vital. Es decir, ayuda a dar un giro al propio destino.

En el caso de que la persona requiera apoyo, la logoterapia entra en acción ayudando al paciente a descubrir el sentido de su vida. Luego le guía a través de su conflicto, para que pueda seguir avanzando hasta lograr su objetivo. Frankl citaba un aforismo célebre de Nietzsche, quien decía que *«quien tiene un* porqué *para vivir, puede soportar casi cualquier* cómo».

Según su propia experiencia, Frankl opinaba que la salud requiere la dosis de tensión natural que surge cuando se analiza lo que se ha logrado hasta el momento y lo que se quiere conseguir en adelante. *El ser humano no necesita una existencia tranquila, sino un desafío por el que desplegar sus capacidades y luchar.*

El vacío existencial, por otra parte, es típico de las sociedades modernas en las que el hombre hace lo que otros hacen o le dicen, en vez de lo que él desearía hacer. Muchas veces este vacío se intenta llenar con poder económico, placer físico o entumecimiento mental. Puede incluso llevar al suicidio.

La *neurosis del domingo*, por ejemplo, aparece cuando, al suspenderse las obligaciones y las prisas de la semana, la persona se da cuenta del vacío que hay en su interior. Hay que buscarle entonces soluciones. Y, sobre todo, un propósito, un motivo por el que levantarse de la cama.

- -

«ME SIENTO VACÍO»

Tras hacer un estudio en el Hospital Policlínico de Viena, el equipo de Frankl descubrió que el 55% de los pacientes encuestados mostraba algún grado de vacío existencial.

- -

Hallar el sentido de la vida, como defiende la logoterapia, da al ser humano razones para llenar ese vacío. Para Frankl, el hombre que se enfrenta a sus problemas y convierte sus objetivos en actividad, al hacerse mayor podrá mirar atrás con paz interior. No envidiará la juventud de los que aún la tienen, porque tendrá un cúmulo de vivencias y experiencias que le demostrarán que ha vivido *por algo y para algo*.

Algunas claves de la logoterapia
para una vida mejor

- El hombre no inventa el sentido de su existencia, como decía Sartre, sino que *lo descubre.*
- El sentido de la vida es propio para cada individuo, y puede reconvertirse y cambiar muchas veces a lo largo de los años.
- De la misma forma que la aprensión hace que se produzca aquello que se teme, la excesiva atención *(hiperintención)* hacia aquello que se desea, hace que no llegue.
- El humor puede ayudar a desbloquear círculos viciosos y liberar ansiedades.
- El ser humano tiene la capacidad de actuar de forma noble y de forma vil indistintamente. Dependerá de sus decisiones y no de sus condiciones la postura que finalmente adopte.

A continuación, veremos cuatro casos de la consulta de Viktor Frankl para entender su terapia de búsqueda de sentido.

El caso del propio Frankl

Tanto en los campos de concentración alemanes como posteriormente en los japoneses y coreanos, los psiquiatras pudieron constatar que los deportados con más probabilidades de supervivencia eran los que tenían metas por cumplir fuera de los campos, y que sentían la necesidad de salir de allí con vida. Ese fue el caso de Frankl, quien, tras ser liberado y desarrollar con éxito su escuela de la logoterapia, se dio cuenta de que él mismo había sido paciente de su propia terapia. Y es que Frankl tenía un objetivo por cumplir que le hizo seguir adelante. Al ser internado inicialmente en el campo de Auschwitz, le fue confiscado un manuscrito en el que había desarrollado sus teorías e investigaciones, y que estaba listo para su publicación.

Al ser despojado de él, Frankl sintió la necesidad de reescribirlo de nuevo, y aquello le dio un impulso y un sentido a su vida entre los horrores y la incertidumbre constante de los campos de concentración. Tanto fue así que a lo largo de los años, especialmente cuando estuvo enfermo de tifus, fue anotando en los trozos de papel que encontraba los fragmentos y palabras clave de la obra perdida.

A continuación veremos algunos de los casos más célebres que atendió en su consulta, y que nos permiten entender la práctica de la logoterapia.

- -
El caso del diplomático americano

Un importante diplomático norteamericano acudió a la consulta de Frankl para seguir un tratamiento que había iniciado cinco años atrás en su país de origen. Tras preguntarle Frankl por qué había iniciado la terapia en primer lugar, el diplomático le contestó que se sentía a disgusto con su trabajo y la política exterior de su país, que debía cumplir y hacer cumplir.

Su psicoanalista americano, con quien había hecho años de terapia, había insistido en que se reconciliara con su padre, para que su gobierno y su trabajo no le resultaran desagradables por ser representaciones de la figura paterna. Sin embargo, Frankl le hizo ver, tras unas pocas sesiones, que su frustración se debía a que deseaba dedicarse a una profesión distinta, y el diplomático finalizó su tratamiento con esa idea en mente.

Cinco años después, supo por el exdiplomático que este llevaba cinco años desarrollando un trabajo distinto y que se sentía feliz.

Frankl opinaba que este hombre no sólo no habría requerido los cinco años de psicoanálisis, sino que ni siquiera podía considerársele un «paciente» con necesidad de terapia.

Simplemente iba en busca de un nuevo propósito que diera sentido a su vida. En el momento en que lo encontró, su vida adquirió un significado profundo.

El caso de la madre suicida

La madre de un chico que había muerto a los once años fue internada en la clínica de Frankl después de intentar suicidarse y llevarse con ella a su otro hijo. Fue este otro hijo, paralítico desde la infancia, quien le impidió culminar su obra, ya que él sí le encontraba sentido a su existencia, y si su madre los mataba a ambos, no podría cumplir su misión.

En una sesión de grupo, la mujer explicó su historia. Para ayudarla, Frankl le pidió a otra mujer que imaginara una situación hipotética, en la que se encontrara en su lecho de muerte, vieja y rica, pero sin hijos. La mujer aseguró que en ese caso consideraría que su vida habría sido un fracaso.

Al plantearle a la madre suicida el mismo ejercicio, que se imaginara en su lecho de muerte, esta miró atrás y se dio cuenta de que había hecho todo lo posible por sus hijos, por ambos. Que le había dado a su hijo paralítico una buena vida, y este se había convertido en una buena persona, razonablemente feliz.

A lo que añadió llorando: «*En cuanto a mí, puedo contemplar en paz mi vida pasada, y puedo decir que estuvo cargada de sentido y yo intenté cumplirlo con todas mis fuerzas. He obrado lo mejor que he sabido; he hecho lo mejor que he podido por mi hijo. ¡Mi vida no ha sido un fracaso!*»

De esta forma, al imaginarse en su lecho de muerte futuro y mirar hacia atrás, la madre suicida encontró el significado que, sin saberlo, le había estado dando a su existencia.

El caso del médico triste

Acudió una vez a su consulta un médico maduro que, al no poder superar la muerte de su esposa, sufría una profunda depresión desde hacía dos años.

En vez de darle consejos o analizar su padecimiento, Frankl le preguntó al doctor qué hubiera sucedido si en vez de ella, hubiese sido él quien falleciera en primer lugar. El médico, espantado, le respondió que para ella habría sido horrible, que su pobre esposa hubiese padecido en extremo.

A eso, Frankl le respondió: «*¿Lo ve, doctor? Usted le ha ahorrado a ella todo ese sufrimiento; pero ahora tiene que pagar por ello sobreviviendo y llorando su muerte*».

El médico no dijo nada más, pero salió del despacho tranquilo, tras tomar la mano de Frankl entre las suyas.

El propio sufrimiento, pudiendo padecerlo él en lugar de su amada esposa, le había dado un sentido a la vida del médico.

- - - - - - - - - - - - -

La terapia Morita

En la misma década que nacía la logoterapia, de hecho unos años antes, el japonés Shoma Morita creaba su propia terapia basada en el propósito vital. Demostró ser efectiva para tratar neurosis, trastornos obsesivos compulsivos y estrés postraumático.

Shoma Morita era budista zen, además de psiquiatra, y su terapia tuvo gran influencia espiritual en Japón.

Muchas terapias occidentales se centran en intentar controlar o modificar las emociones y sentimientos de los pacientes. En Occidente solemos aceptar que lo que pensamos influye en cómo nos sentimos y eso influye en cómo actuamos. En cambio, la terapia de Morita se centra en enseñar a los pacientes a *aceptar sus sentimientos sin intentar controlarlos, ya que los sentimientos cambiarán a través de la acción.*

El fundamento de la terapia de Morita y también del zen es que «*la acción es la causa del cambio y, por consiguiente, no debemos intentar controlar los pensamientos y sentimientos*». Es un enfoque opuesto al occidental, que nos induce a controlar y modificar primero nuestros malos pensamientos para cambiar como actuamos.

La terapia Morita, aparte de aceptar las emociones, busca «crear» nuevas emociones a base de la acción. Según Morita, «*Estas emociones se aprenden a través de experiencias y a base de repetición*».

La terapia de Morita no intenta eliminar los síntomas directamente, sino que enseña a aceptar con naturalidad nuestros deseos, ansiedades, miedos y preocupaciones. Este terapeuta revolucionario decía que «*en materia de sentimientos, es mejor ser rico y generoso*», en el sentido de aceptarlos y dejarlos marchar.

Sobre la cuestión de «dejar ir» los sentimientos negativos, Morita lo explicaba con esta fábula: «*Si un burro está atado a una farola, continúa caminando para intentar escapar, pero comienza a dar vueltas y al final termina inmovilizado junto a la farola. Lo mismo nos pasa a las personas cuando tenemos pensamientos recurrentes y obsesivos e intentamos bloquearlos con otros pensamientos*».

Principios fundamentales de la terapia de Morita

1. *Acepta tus sentimientos.* Si tenemos pensamientos obsesivos, no debemos intentar controlarlos ni tampoco deshacernos de ellos. Al intentarlo, se volverán más intensos. Un maestro zen, hablando de los sentimientos y emociones humanas, decía: «*Si intentamos eliminar una ola con otra ola de forma continua, crearemos un mar infinito de olas*». Los sentimientos no los hacemos nosotros, sino que simplemente vienen a nosotros y debemos aceptarlos. La clave está en darles la bienvenida. Morita solía decir que las emociones son como el tiempo meteorológico: no las podemos predecir ni controlar, simplemente observar. En este punto, a veces se cita al monje vietnamita Thich Nhat Hanh, que decía: «*Hola, soledad, ¿cómo estás hoy? Ven, siéntate conmigo y cuidaré de ti*».

2. *Haz lo que debas hacer.* No hay que centrarse en eliminar síntomas, puesto que la recuperación vendrá de forma espontánea. Se trata de centrarse en el presente y, si estamos sufriendo, aceptar ese sufrimiento. Y, sobre todo, evitar intelectualizar la situación. La misión del terapeuta es desarrollar el carácter en el individuo para que pueda afrontar cualquier situación, y el carácter se forma con lo que uno hace. La terapia de Morita no explica nada a los pacientes, deja que ellos o ellas aprendan a través de sus acciones y actividades. No te dice cómo meditar, ni cómo escribir un diario... como harían otras terapias occidentales. Es el paciente quien lo irá descubriendo por sí mismo a través de sus experiencias.

3. *Descubre tu propósito vital.* Aunque no podamos controlar emociones, sí que podemos tomar el mando de las acciones que emprendemos cada día. Por eso debemos tener claro nuestro propósito y tener siempre presente el mantra de Morita: «*¿Qué necesitamos hacer ahora?*» «*¿Qué acción debemos tomar ahora?*» Para ello, la clave es haberse atrevido a mirar dentro de uno mismo para descubrir el propio *ikigai.*

Las cuatro fases de la terapia Morita

El tratamiento original de Shoma Morita, que duraba de quince días a tres semanas, constaba de las siguientes fases:

1. *Aislamiento y descanso (5 a 7 días).* La primera semana del tratamiento, el paciente descansa en una habitación sin ningún tipo de estímulo exterior. Sin televisión, sin

libros, sin familia, sin amigos, sin hablar. Lo único que tiene el paciente son sus propios pensamientos. Está tumbado durante la mayor parte del día. En esta fase, se recupera mental y físicamente. El paciente es visitado regularmente por el terapeuta, que intenta evitar demasiada interacción. Simplemente, aconseja al paciente seguir observando la subida y bajada de sus emociones mientras está tumbado. Cuando el paciente se aburre y tiene ganas de hacer cosas de nuevo, estará listo para pasar a la siguiente fase de la terapia.

2. *Terapia ocupacional ligera (5 a 7 días)*. En esta segunda fase, el paciente realiza tareas monótonas en silencio. Una de ellas es escribir un diario describiendo sus pensamientos y sentimientos. El paciente sale afuera tras estar una semana encerrado, da paseos por la naturaleza y hace ejercicios de respiración. También comienza a realizar actividades simples como, por ejemplo, jardinería o dibujar/pintar. En esta fase, el paciente todavía no puede hablar con otros excepto con su terapeuta.

3. *Terapia ocupacional (5 a 7 días)*. El paciente realiza tareas que requieren movimiento físico. Al doctor Morita le gustaba llevar a sus pacientes a cortar leña a la montaña, por ejemplo. Además de tareas físicas, el paciente también se enfrasca en otras actividades como escribir, pintar, cerámica…. El paciente ya puede hablar con los demás, pero sólo se le permite hablar sobre las tareas que está ejecutando en ese momento.

4. *Retorno al mundo «real» y a la vida social*. El paciente sale del hospital y se reintegra en la vida social, pero manteniendo las prácticas de meditación y terapia ocupacional que ha ido desarrollando en el hospital.

La idea es volver a la sociedad como una persona nueva, con un propósito propio y sin ser controlado por la sociedad y las emociones como una marioneta.

- - - - - - - - - - - - - - - -

La meditación Naikan

Morita era un gran maestro zen de meditación introspectiva *naikan*. Muchas de las ideas de su terapia fueron extraídas de su conocimiento y dominio de esta escuela, que se centra en tres preguntas que se tiene que plantear el practicante:

1. ¿Qué he recibido de la persona X?
2. ¿Qué he dado a la persona X?
3. ¿Qué problemas he causado a la persona X?

A través de esta exploración, dejamos de señalar a los demás como causantes de nuestros males y profundizamos en la propia responsabilidad. Como afirmaba Morita, *«Si estás enfadado y te quieres pelear, piénsalo durante tres días antes de llegar a las manos. Al cabo de tres días, la intensa emoción de querer pelear habrá desaparecido de forma natural».*

- - - - - - - - - - -

Y ahora, *ikigai*

Los principios de la logoterapia y de la Terapia Morita apuntan a una experiencia que es personal e intransferible, y que puede realizarse sin terapeutas ni retiros espirituales: la misión de hallar el propio *ikigai*, tu combustible existencial para la vida. Una vez descubierto, se trata de tener el valor y hacer el esfuerzo de no perder el sendero.

A continuación, veremos las herramientas fundamentales para ponerte en ese camino, fluyendo con las tareas que hayas elegido, alimentándote de modo equilibrado y consciente, practicando ejercicio suave y aprendiendo a no desmoronarte ante las dificultades. Para ello deberás aceptar que el mundo es un lugar imperfecto, como quienes lo habitan, pero lleno de posibilidades de crecimiento y realización.

¿Estás preparado para volcarte en tu pasión, como si no existiera nada más importante en el mundo?

V

FLUIR CON CADA TAREA

Cómo convertir el trabajo y el tiempo
libre en un espacio de crecimiento

«Somos lo que hacemos día a día.
La excelencia no es un acto, sino un hábito.»

ARISTÓTELES

Fluir con la experiencia

Imagina que estás esquiando por una de tus pistas favoritas. A tu paso, el polvo de nieve salta en el aire como arena blanca e inmaculada. Las condiciones son perfectas. Toda tu atención está puesta en utilizar tus habilidades para esquiar lo mejor posible. Sabes exactamente qué movimiento hacer en cada momento. *No hay pasado ni futuro, sólo presente.* Sientes la nieve, tus esquís, tu cuerpo y tu consciencia. Os unís en una sola entidad. *Estás totalmente inmerso en la experiencia, sin pensar ni distraerte en ninguna otra cosa.* Tu ego se diluye y te conviertes en parte de lo que estás haciendo.

Este tipo de experiencia es la que Bruce Lee describió con su famoso *«Sé agua, amigo mío»*.

Todos hemos sentido cómo nuestra percepción del tiempo se diluye cuando nos dejamos sumergir en una actividad que disfrutamos. Comenzamos a cocinar y, cuando nos damos cuenta, han pasado varias horas. Estamos leyendo una novela por la tarde y nos olvidamos de las preocupaciones de la vida hasta que notamos el sol ponerse y nos damos cuenta de que todavía no hemos cenado.

Practicamos surf y no nos damos cuenta de la cantidad de horas que estuvimos disfrutando de las olas hasta el día siguiente, cuando notamos las agujetas.

También nos puede suceder justo al revés. Tenemos que realizar un trabajo o una tarea sin ganas y, en este caso, cada minuto se nos hace interminable y no paramos de mirar el reloj.

Y es que, como se supone que dijo Einstein, *«Si uno se sienta en una placa caliente un segundo, parecerá una hora. Pero si una chica, hermosa, se sienta en tu regazo una hora, parecerá un segundo. Eso es la relatividad».*

Lo curioso es que quizás otra persona disfrute de esa misma tarea, pero nosotros estamos deseando terminar cuanto antes.

¿Qué es lo que hace que nos guste hacer algo, que disfrutemos tanto que nos olvidemos de cualquier preocupación que tengamos en nuestras vidas? ¿Cuáles son los momentos en los que las personas somos más felices?

- - - - - - - - - - - - -
El poder del «flow»

Estas son las preguntas que se hizo Mihaly Csikszentmihalyi, que estudió en profundidad el estado en el que los seres humanos entramos cuando estamos totalmente inmersos en una tarea. Lo llamó estado de fluir, *flow* en inglés, y lo definió así: *«El placer, deleite, creatividad y el proceso en el que estamos inmersos totalmente en la vida».*

No hay ninguna receta mágica para conseguir la felicidad, para vivir el propio *ikigai*, pero uno de los ingredientes fundamentales es la capacidad que tengamos para entrar en ese estado de fluir para, a través de él, llegar a tener una «experiencia óptima».

Para ello, debemos centrarnos en incrementar el tiempo que pasamos realizando actividades que nos hagan entrar en estado de fluir, en vez de dejarnos llevar por actividades que nos den placer inmediato como comer en exceso, abusar de drogas y alcohol o atiborrarnos a chocolate viendo la televisión.

Tal como señala el autor de *Flow*: «*Fluir es el estado en el que las personas entran cuando están inmersas en una actividad y nada más importa. La experiencia en sí misma es tan agradable que las personas la seguirán haciendo aunque tengan que sacrificar otros aspectos de la vida sólo por el hecho de hacerlo*».

Y no sólo las profesiones creativas que requieren grandes dosis de concentración promueven la capacidad de fluir. La mayoría de atletas, jugadores de ajedrez o ingenieros pueden pasar buena parte de su tiempo en actividades que les hacen entrar en estado de fluir.

Según los estudios de Csikszentmihalyi, un jugador de ajedrez siente lo mismo cuando entra en «flujo» que un matemático tratando de resolver un problema o un cirujano en plena operación. Este profesor de psicología analizó datos de personas que vivían en diversas culturas y lugares del mundo, y descubrió que la experiencia del fluir es igual para cualquier persona, para cualquier cultura y cualquier edad.

En Nueva York o en Okinawa, todos describimos nuestros estados de fluir de la misma forma.

¿Qué sucede en nuestra consciencia cuando estamos en ese estado?

Al fluir, estamos concentrados en una tarea muy concreta sin dejarnos distraer por nada. Nuestra consciencia está «en orden». Lo contrario pasa cuando intentamos ponernos a hacer algo y tenemos la mente distraída pensando en otras cosas.

Si te encuentras muchas veces con preguntas o despistes al cabo de un rato de ponerte a trabajar en algo que consideras importante, hay una serie de técnicas que podemos seguir para maximizar las probabilidades de entrar en «flow».

- -

SIETE CONDICIONES PARA EL «FLOW»

Según el investigador Owen Schaffer, para que podamos fluir con una actividad se deben dar estas condiciones:

1. Saber qué hacer.
2. Saber cómo hacerlo.
3. Saber cómo de bien lo estamos haciendo.
4. Saber adónde ir (si hay implicada navegación).
5. Tener desafíos ambiciosos.
6. Utilizar nuestros mejores recursos personales.
7. Estar libres de distracciones.

- -

- -

Técnica 1 para fluir: Elegir un reto lo suficientemente difícil, pero no demasiado

De acuerdo con el punto 5 de Schaffer, se trataría de asumir una tarea que tenemos posibilidades de terminar, pero que al mismo tiempo esté un poco por encima de nuestras capacidades.

Toda tarea, deporte o trabajo realizado por seres humanos tiene una serie de reglas, y necesitamos ciertas habilidades para seguirlas. Si las reglas para completar la tarea son simples y la misión es muy sencilla comparada con las habilidades que tenemos, es muy probable que nos termine aburriendo. Las actividades demasiado fáciles conducen a apatía y aburrimiento.

Si, por el contrario, empezamos con algo demasiado difícil, nos faltarán conocimientos para completar la actividad y seguramente abandonaremos a la primera de cambio y, además, sintiéndonos frustrados.

Lo ideal es encontrar el término medio, algo que esté acorde con nuestras habilidades, pero un poco por encima de ellas para que constituya un reto. Es a lo que se refería Ernest Hemingway cuando afirmaba: «*A veces escribo mejor de lo que sé*».

Este tipo de actividades son las que hace que queramos seguir con ellas hasta el final, ya que disfrutamos al sentir que nos estamos superando.

Bertrand Russell se pronunciaba en este mismo sentido al afirmar: «*Para poder concentrarse durante un largo rato es esencial tener un reto difícil ante nosotros*».

Si eres un diseñador gráfico, elige un nuevo software para tu próximo proyecto para que constituya un reto. Si eres un programador, utiliza un nuevo lenguaje de programación. Si te dedicas a la danza, intenta introducir un nuevo movimiento que hace años te parecía imposible.

Añade un extra, ¡algo que te saque de tu zona de confort!

Algo tan sencillo como leer es, asimismo, una tarea que requiere seguir ciertas reglas. Necesitamos una serie de habilidades y conocimientos para seguir leyendo. Si empezamos a leer un libro sobre mecánica cuántica para físicos sin ser nosotros expertos en física, seguramente lo dejemos al cabo de unos minutos porque no entenderemos nada. En el otro extremo, si todo lo que cuenta un libro ya lo sabemos, nos aburrirá enseguida.

En cambio, si el libro se adecua a nuestros conocimientos y habilidades y añade nuevos conocimientos a lo que ya sabemos, nos dejaremos sumergir en la lectura y el tiempo pasará rápido.

Leer es una de las actividades humanas con la que más personas entran en fluir cada día.

Fácil	Ligeramente difícil	Por encima de nuestros conocimientos
Aburrimiento	Fluir	Ansiedad

- -
Técnica 2 para fluir: tener objetivos concretos y claros

Los videojuegos —sin abusar de ellos—, los juegos de mesa y los deportes son actividades ideales para entrar en «flow» porque el objetivo suele estar muy claro: superarte a ti mismo o superar a tu rival siguiendo una serie de reglas claramente definidas.

Desafortunadamente, en una gran mayoría de situaciones de la vida, los objetivos no están tan claros.

Cuando preguntamos a empleados de multinacionales sobre sus jefes, la queja número uno es: «*Mi jefe no comunica* con claridad cuál es la misión de nuestro equipo, realmente no sé cuáles son mis objetivos en el trabajo», según señala una investigación de Boston Consulting.

Muchas veces lo que pasa, sobre todo en grandes empresas, es que los ejecutivos se obsesionan en planificar, perdiéndose en los detalles, creando estrategias para marear la perdiz sin tener claro el objetivo final. Es como salir al océano a navegar con un mapa sin saber a dónde ir.

El director del MIT Media Lab Joichi Ito siempre dice: «*Es mucho más importante tener una brújula apuntando a un objetivo concreto que tener un mapa*».

Tanto en las empresas como en las profesiones creativas o en la educación, es importante reflexionar sobre la misión que tenemos que cumplir antes de ponerse a trabajar, estudiar o «crear algo» sin rumbo. Hacernos preguntas de este tipo:

- ¿Cuál es tu objetivo durante tu sesión de estudio esta tarde?
- ¿Cuántas páginas vas a escribir hoy para el artículo que se va a publicar el mes que viene?
- ¿Cuál es la misión de tu equipo?
- ¿A qué velocidad vas a poner el metrónomo mañana para llegar a tocar esa sonata a ritmo de *allegro* al final de la semana?

Tener objetivos claros es importante para entrar en fluir, pero hay que saber dejarlos a un lado cuando estamos en acción.

Una vez comenzamos el viaje, el objetivo tiene que estar claro, pero no tenemos que obsesionarnos con él.

Cuando un deportista está compitiendo en la final por la medalla de oro no puede pararse a pensar en lo preciosa que es la medalla, tiene que *estar presente en el momento*, tiene que *fluir*. Si se despista un instante pensando en cómo irá a enseñar la medalla a sus padres con orgullo, seguramente cometa un error en el último momento y no gane la competición.

Un caso típico es el «bloqueo del escritor». Imaginemos, por ejemplo, que un autor debe terminar de escribir una novela en tres meses. Sabe muy bien su objetivo y el problema es que no para de pensar en él.

Cada día se levanta pensando: «tengo que escribir la novela» y se pone a leer el periódico, luego a limpiar la casa. A media tarde se siente frustrado y fija nuevos planes para el día siguiente.

Los días, semanas y meses pasan y no ha redactado nada, cuando lo que debería hacer es simplemente sentarse delante de una página en blanco y escribir la primera palabra, la segunda... Fluir con el proyecto, dar expresión a su *ikigai*.

En cuanto hagas eso, tu ansiedad desaparecerá y fluirá placenteramente con la actividad. Volviendo a Albert Einstein, «*una persona feliz está demasiado satisfecha con el presente como para pensar en el futuro*».

Objetivos difusos	**Objetivos bien definidos, atención en el proceso**	Obsesión en lograr algo sin centrarse en el proceso
Confusión, energía y tiempo se pierden en tareas mundanas	**Fluir**	Fijación en los objetivos en vez de volcarse en el proceso
Bloqueo mental	**Fluir**	Bloqueo mental

Técnica 3 para fluir: concentración en una sola tarea

Este es quizás uno de los mayores obstáculos a los que nos enfrentamos hoy en día, con tanta tecnología y distracciones a nuestro alrededor. Estamos escuchando un video en Youtube mientras escribimos un e-mail, cuando nos salta una ventana del chat y respondemos. De repente, vibra el *smartphone* en nuestro bolsillo y, al volver a la pantalla del ordenador tras responder al mensaje del *smartphone*, abrimos Facebook. Al cabo de media hora nos hemos olvidado de que estábamos escribiendo un e-mail.

También pasa que estamos cenando mientras vemos una película y no nos damos cuenta de lo delicioso que estaba el salmón hasta que damos el último bocado.

A menudo pensamos que conjuntando varias tareas vamos a ahorrar tiempo, pero la evidencia científica indica lo contrario. Incluso las personas que dicen ser buenas trabajando en «multitarea» son poco productivas. De hecho, suelen ser las menos productivas.

Nuestro cerebro puede filtrar millones de bits de información, pero apenas puede procesar unas decenas de bits por segundo en serie. Cuando los humanos decimos que estamos haciendo multitarea en realidad *lo que estamos haciendo es cambiar de una tarea a otra rápidamente*. Desafortunadamente, no somos un ordenador que puede trabajar con varios procesos en paralelo. Gastamos todas nuestras energías en cambiar de tarea a tarea en vez de centrarnos en hacer bien una de ellas.

Concentrarse en una sola actividad es quizás la condición más importante para entrar en fluir.

Según Csikszentmihalyi, para estar concentrado en una actividad necesitamos:

1. Estar en un buen entorno que no nos despiste.
2. Tener control sobre lo que estamos haciendo en todo momento.

Las nuevas tecnologías sólo son buenas si tenemos control sobre ellas. Dejan de ser buenas si ellas toman control sobre nosotros.

Por ejemplo, si tienes que escribir un artículo de investigación, puedes hacerlo delante del ordenador, buscando en Google cada vez que necesitas algún tipo de información. Sin embargo, si no eres muy disciplinado, tal vez termines navegando por otros lugares de Internet en vez de escribir el artículo.

Google e Internet han tomado el control de tu mente y te han sacado del fluir.

Está demostrado científicamente que, si el cerebro está continuamente cambiando de tareas, pierde tiempo, incrementa el número de errores y la retención de la memoria es peor.

En un estudio llevado a cabo por la Universidad de Stanford, se describe a nuestra generación explicando que sufrimos una *epidemia de la multitarea*. Para demostrar los efectos nocivos de esta epidemia, se analizó el comportamiento de centenares de estudiantes mientras estudiaban, para luego dividirlos en grupos según la cantidad de cosas que solían hacer a la vez.

Los estudiantes con más adicción a la multitarea suelen hacer más de cuatro cosas a la vez. Por ejemplo: tomar notas mientras leen un libro de texto, escuchar un *podcast*, contestar mensajes con el *smartphone* de vez en cuando y mirar el *timeline* de Twitter.

Tras dividirlos en varios grupos, los pusieron a todos delante de pantallas con varias flechas de color rojo y varias flechas de color azul. El objetivo del ejercicio era contar el número de flechas rojas.

Al principio todos acertaron en poco tiempo sin dificultad, pero conforme se incrementaban el número de flechas azules (sin añadir flechas rojas, sólo cambiándolas de posición), los estudiantes acostumbrados a la multitarea tuvieron serias dificultades para contar las flechas rojas en el tiempo requerido. No podían contarlas tan rápido como los estudiantes que no hacían multitarea habitualmente por una razón muy simple: ¡se despistaban mirando las flechas azules!

Sus cerebros estaban entrenados para hacer caso a cualquier tipo de estímulo, aunque no fuera importante, mientras que los cerebros de los otros estudiantes estaban entrenados para concentrarse en una única tarea, en este caso contar las flechas rojas ignorando las azules.

Otros estudios indican que trabajar en varias cosas a la vez baja nuestra productividad al menos un 60 % y que nuestro coeficiente intelectual se reduce más de 10 puntos.

Una investigación llevada a cabo en Inglaterra descubrió, tras analizar las vidas de más de tres mil chicas adolescentes adictas a sus *smartphones*, que dormían menos horas, se sentían menos integradas en el instituto y eran más propensas a tener síntomas de depresión.

Concentrado en una sola tarea	Multitarea
Aumenta la probabilidad de fluir	Imposible fluir
Aumenta la productividad	Reduce la productividad (un 60%) aunque no lo parezca
Aumenta nuestra capacidad de retención	Reduce nuestra capacidad de memorizar
Reduce probabilidades de equivocarse	Más probabilidades de equivocarnos en lo que estamos haciendo
Control sobre la única actividad a la que estamos prestando atención. Calma	Estrés porque tenemos la sensación de perder el control. La multitud de tareas nos controla a nosotros
Te hace una persona más atenta, al prestar atención a los demás	Dañas a los de tu alrededor al estar «viciado» a estar siempre atento a todo estímulo: mirando mensajes en el móvil, chequeando redes sociales
Incrementa tu creatividad	Reduce tu creatividad

¿Qué podemos hacer para evitar ser parte de la epidemia que nos impide fluir? ¿Qué podemos hacer para entrenar nuestro cerebro a concentrarse en una sola tarea?

A continuación una serie de ideas para definir tu propio espacio y tiempo sin distracciones, incrementando las probabilidades de entrar en fluir:

- No mirar ninguna pantalla la primera hora del día ni la última hora del día.
- Apagar el teléfono antes de entrar en «flow». Tu actividad es lo más importante del mundo durante este tiempo que has elegido para ti. Si te parece demasiado, ponlo en modo nocturno de forma que sólo te puedan contactar las personas más cercanas en caso de emergencia.

- Un día a la semana, hacer ayuno de dispositivos electrónicos. Por ejemplo, el sábado o domingo, haciendo excepción sólo con el kindle y el equipo de música.
- Ir a una cafetería sin wifi.
- Leer y responder e-mails sólo una vez o dos veces al día. Definir esas dos veces y cumplirlo.
- *Técnica pomodoro.* Ponte un cronómetro de cocina al lado (algunas tienen forma de tomate) y comprométete a trabajar en una sola tarea durante ese tiempo. La técnica pomodoro recomienda 25 minutos y 5 minutos de descanso por cada ciclo, aunque también puede hacerse 50 minutos y 10 de descanso. Adapta los tiempos a tu propio ritmo; lo importante es cumplir cada ciclo pomodoro a rajatabla.
- Inicia tu misión con un ritual que te guste y termínala con una recompensa.
- Entrena tu consciencia para volver al presente cuando notes que te distraes. Mindfulness, meditación, caminar, nadar o cualquier actividad que te ayude a centrarte.
- Trabaja en un entorno sin personas que te puedan interrumpir. Si no puede ser en tu espacio habitual, ve a una biblioteca, una cafetería, a un estudio para tocar el saxofón… Si notas que hay cosas en tu entorno que te distraen, cambia hasta que encuentres el lugar ideal.
- Divide cada actividad en grupos de tareas relacionadas y separa cada grupo en lugares y tiempos diferentes. Por ejemplo, para escribir un artículo para una revista, puedes investigar y tomar notas por la mañana en casa, escribir por la tarde en una biblioteca, y editar por la noche en el sofá.

- Junta tareas rutinarias que puedas terminar a cierta hora del día. Por ejemplo, enviar facturas, hacer una llamada telefónica, etc.

Ventajas de fluir	Desventajas de la dispersión
Mente concentrada	Mente danzante
Sólo existe el presente	Pensando en el pasado y el futuro
Nada nos preocupa	Preocupaciones de nuestra vida cotidiana y personas de nuestro alrededor invaden nuestra consciencia
Las horas pasan volando	Cada minuto se hace interminable
Sentimiento de control	Pérdida de control. No logramos completar la tarea, u otras ocupaciones/personas no nos dejan trabajar con libertad
Alto nivel de preparación	Actúas sin estar preparado
Sabemos lo que tenemos que hacer en cada momento	Nos atascamos continuamente y no sabemos cómo seguir
Mente clara que elimina todo obstáculo en el flujo de pensamiento	Preocupaciones, dudas constantes, baja autoestima
Placentero	Aburrido y agobiante
Entorno libre de distracciones	Entorno lleno de distracciones: Internet, televisión, teléfono, personas alrededor
El ego se disuelve. No somos nosotros los que controlamos la tarea o actividad en la que estamos inmersos, es la tarea la que nos lleva de la mano a nosotros	Continua autocrítica. Ego presente y sentimiento de frustración

El «flow» en Japón: artesanos, *takumis*, ingenieros, genios y *otakus*

¿Qué tienen en común los *takumis* (artesanos), ingenieros, inventores y *otakus* (los fans del anime y el manga)? Todos ellos conocen intuitivamente lo poderoso que es fluir con su *ikigai* en todo momento. Uno de los tópicos más internacionales sobre los nipones es que son muy trabajadores y dedicados, aunque en Japón algunos dicen que aparentan trabajar mucho, pero en realidad no es para tanto.

Lo que es indudable es su capacidad para dejarse absorber por la tarea que tienen entre manos, olvidándose del paso del tiempo, y su perseverancia a la hora de resolver un problema.

A veces se vuelcan en tareas concretas, por ínfimas que sean, hasta rozar la obsesión. Es una característica que vemos en cualquier entorno, desde «jubilados» cuidando hasta el último detalle de sus campos de arroz en las montañas de Nagano, hasta universitarios llevando a cabo un trabajo de fin de semana en un «conbini» (tienda 24 horas). El nivel de atención al detalle en el servicio al cliente no es algo exclusivo de las tiendas 24 horas; se puede experimentar de primera mano en casi cualquier servicio público si viajáis por Japón.

Si visitas Naha, Kanazawa o Kioto y te adentras en alguna de sus tiendas de artesanía te das cuenta de que Japón es una cornucopia de artesanía tradicional. Japón tiene una capacidad especial para innovar con nuevas tecnologías y, al mismo tiempo, mantener tradiciones y técnicas artesanales.

El arte de los «*takumi*»

Toyota emplea a «artesanos» que son capaces de crear ciertos tipos de tornillos a mano. Para Toyota, estos *takumi* (superexpertos en cierta tarea manual) son muy importantes y tienen muchos problemas para reemplazarlos, ya que algunos de ellos son los únicos que saben hacer esa tarea y, en este caso, no parece que vaya a haber relevo generacional.

Otro ejemplo es el proceso de fabricación de agujas para reproductores de vinilo, labor que se ha perdido en casi todo el mundo, pero que se sigue haciendo en Japón. Cerca del 90% del mercado de producción está controlado por las últimas fábricas japonesas que quedan, donde se encuentran unas pocas personas que saben utilizar la maquinaria para crear estas agujas de alta precisión; son ellos mismos quienes intentan pasar este conocimiento a sus descendientes.

Visitando Kumano, un pequeño pueblo cerca de Hiroshima, conocimos una *takumi*. Estuvimos un día entero haciendo un reportaje fotográfico para una de las marcas de pinceles de maquillaje más conocidas en Occidente. Resulta que la marca es extranjera, pero la fabricación de los pinceles y otros utensilios se lleva a cabo en este pequeño pueblo lleno de fábricas de pinceles de todo tipo, no sólo para maquillaje.

Nada más llegar a Kumano, el cartel que da la bienvenida al pueblo tiene una mascota con un gran pincel. Aparte de edificios de fábricas de pinceles se ven muchas casitas con huertos alrededor y, conforme avanzamos por las calles, se ven algunos templos sintoístas al borde de las montañas que rodean el pueblo.

Tras varias horas haciendo fotos en fábricas donde había muchas personas alineadas haciendo cada cual una sola tarea, desde dar color al palo de los pinceles hasta meterlos en cajas dentro de camiones, nos dimos cuenta de que todavía no habíamos encontrado a nadie poniendo los pelos en la cabeza de los pinceles.

Después de preguntar varias veces y recibir largas, al final el gerente de una empresa accedió a enseñarnos cómo lo hacían. Nos sacó fuera del hangar y nos hizo subir a su coche personal. Tras cinco minutos conduciendo, aparcamos al lado de un pequeño hangar y subimos unas escaleras. Abrió una puerta y entramos en una pequeña sala con muchas ventanas que le daban una iluminación natural preciosa.

En el centro había una mujer con una máscara. Sólo se le veían los ojos. Estaba tan concentrada eligiendo pelos para los pinceles de uno en uno, moviendo las manos y los dedos grácilmente, usando tijeras y peines para filtrar pelos, que ni siquiera notó nuestra entrada en la sala. Sus movimientos eran tan rápidos que costaba entender lo que estaba haciendo.

El gerente la interrumpió para decirle que íbamos a hacer fotos mientras trabajaba. No pudimos ver su sonrisa, pero, por el brillo de sus ojos y la forma alegre de hablar, se notaba que estaba sonriendo. Se la veía feliz y orgullosa mientras hablaba sobre su tarea y responsabilidad.

Al hacer fotos de sus manos hubo que utilizar velocidades altísimas del obturador para poder congelar sus movimientos. Sus manos danzaban y *fluían* en comunión con las herramientas y pelos que tenía que ordenar.

El presidente nos explicó que esta *takumi*, aunque estuviera escondida en el hangar, era una de las personas más importantes de la empresa. ¡Todos los pelos de los miles de pinceles que fabrican pasan por sus manos!

Steve Jobs en Japón

El cofundador de Apple, y fanático del buen gusto y el estilo, era un gran fan de Japón. Aparte de visitar las fábricas de Sony en los años 80 y traer muchos de sus métodos a Apple, también quedó prendado al ver la simplicidad y calidad de la porcelana japonesa en Kioto.

Pero no fue un kiotota quien se convirtió en el favorito de Steve Jobs. Fue Yukio Shakunaga, un *takumi* de Toyama que utilizaba una técnica conocida como *Etsu Seto-yaki* que muy pocos dominan.

Durante una visita a Kioto, Steve Jobs descubrió que había una exposición de Yukio Shakunaga. Enseguida supo apreciar que la porcelana de Yukio tenía algo especial. De hecho, compró varias tazas, jarrones y platos y volvió a la exposición tres veces durante esa semana.

Steve Jobs visitó varias veces Kioto durante el resto de su vida, en busca de inspiración, y terminó conociendo a Yukio Shakunaga en persona. Dicen que casi todo lo que le preguntaba Steve Jobs a Yukio era sobre los detalles de fabricación y el tipo de porcelana que utilizaba.

Yukio le contó que se trataba de porcelana blanca de las montañas de Toyama y que él mismo la extraía de allí, algo que lo convertía en el único artista de su clase que conocía el proceso de fabricación de objetos de porcelana desde el origen en la montaña, un auténtico *takumi*.

Steve Jobs quedó tan impresionado que pensó en ir a Toyama a ver la montaña de donde Yukio extraía la porcelana, pero al ver que estaba a más de cuatro horas de tren desde Kioto desistió.

En una entrevista hecha a Yukio después de la muerte de Steve Jobs, este declaró que se sentía muy orgulloso de ver que su arte era apreciado por el creador del iPhone. Y añadió que la última compra que le hizo Steve Jobs fueron 12 tazas de té. Para estas 12 tazas, le pidió que fueran especiales, que siguieran «un nuevo estilo». Para conseguirlo, Yukio cuenta que hizo 150 tazas probando nuevas ideas y, al terminar, eligió las 12 mejores y las envió a la familia Jobs.

Desde su primera visita a Japón, Steve Jobs estuvo fascinado e inspirado por sus artesanos, su ingeniería (especialmente Sony), por su filosofía (especialmente el zen) y también por su cocina (especialmente el sushi).

Una simplicidad sofisticada

¿Qué tienen en común la cocina, el zen, la ingeniería y los artesanos japoneses? La atención al detalle y la simplicidad. Pero no es una simplicidad apática, sino sofisticada, que busca nuevas fronteras, siempre llevando el objeto creado, el cuerpo/mente o la comida al siguiente nivel.

Como diría Mihaly, siempre manteniendo un alto nivel de reto en la actividad para superarse, para poder estar siempre en flujo.

En el documental *Jiro, sueños de sushi*, se puede ver otro ejemplo de *takumi*, en este caso en la cocina. Su protagonista lleva más de ochenta años haciendo sushi todos los días, y tiene un pequeño restaurante de sushi en el metro de Ginza. Él y su hijo van personalmente al mercado del pescado (Tsuki-ji) y eligen el mejor para llevárselo al restaurante.

En el documental, muestran al hijo de Jiro aprendiendo a hacer tortilla (para el sushi de tortilla) y, por mucho que practique, su padre no le da nunca el visto bueno. Sigue practicando años y años hasta que, al fin, un día consigue el visto bueno de su padre.

¿Por qué el hijo nunca se rinde? ¿No se aburre cocinando huevos todos los días?

Tanto Jiro como su hijo son artesanos de la comida. Fluyen al cocinar, no se aburren. Cuando están cocinando lo están disfrutando al máximo; para ellos es pura felicidad, su *ikigai*. Han aprendido a gozar de su trabajo, a convertirlo en un placer que detiene el tiempo.

Además de la relación estrecha entre padre e hijo, que les ayuda a mantener el reto diario, también trabajan en un entorno tranquilo y sin estrés que les permite concentrarse. Incluso después de ser nombrado por Michelin como el mejor restaurante de sushi del mundo, nunca se plantearon abrir otros restaurantes o expandir el negocio.

Sólo sirven a diez clientes en una barra en el pequeño local que tienen en la estación de metro de Ginza. La familia Jiro pone por encima del dinero las condiciones y entorno en el que pueden *fluir* cocinando, produciendo el mejor sushi del mundo.

Tanto Jiro, el cocinero de sushi, como Yukio Shakunaga comienzan su trabajo en el «origen». Jiro va al mercado del pescado a elegir el mejor atún; Yukio Shakunaga va a las montañas a elegir la mejor porcelana. Cuando entran en la labor, ambos se unen al objeto. La unión con el objeto al fluir cobra una dimensión especial en Japón donde, según el sintoísmo, los bosques, los árboles y los objetos tienen un *kami* (espíritu o Dios) dentro de ellos.

La responsabilidad del creador de algo, ya sea artista, ingeniero o cocinero, es usar la naturaleza para «darle vida», respetándola en todo momento. Durante la labor, el artesano se une al objeto y fluye con él. Un herrero diría que «el hierro tiene vida», un ceramista diría que «la tierra tiene vida». Los japoneses son buenos uniendo naturaleza con tecnología; no es el hombre contra la naturaleza, sino la unión de ambos.

- - - - - - - - - - - - - -

La pureza de Ghibli

Algunos dicen que estos valores de unión con la naturaleza del sintoísmo se están perdiendo. Uno de los mayores críticos de dicha pérdida es otro creador nato con un *ikigai* muy definido, Hayao Miyazaki, el director de películas de animación de Ghibli.

En casi todas sus películas se ve tecnología, humanos, fantasía y naturaleza en conflicto y, al final, yendo de la mano. En la película de *El viaje de Chihiro*, una de las metáforas más impactantes es la de la contaminación de los ríos, representada por un dios gordo lleno de basura.

En las películas de Miyazaki, los bosques tienen personalidad, los árboles tienen sentimientos, los robots se hacen amigos de los pájaros... Considerado como tesoro nacional viviente por el Gobierno japonés, además de reivindicar la reconexión con la naturaleza, Hayao Miyazaki es uno de esos artistas que se deja llevar por la tarea presente.

No tiene ordenador, sigue utilizando un teléfono móvil de los de finales de los años 90 y obliga a todo su equipo a dibujar a mano. Hayao Miyazaki «dirige» sus películas creando y dibujando hasta el mínimo detalle en papel.

Dibujar le hace entrar en fluir, los ordenadores no. Gracias a la obsesión del director, el Studio Ghibli es uno de los únicos del mundo donde casi la totalidad del proceso de producción de animación se hace siguiendo técnicas tradicionales.

Quienes han tenido la suerte de visitar el Studio Ghibli, saben que si entraran un domingo allí verían que, en una esquina, hay alguien trabajando. Un hombre sencillo que no levanta la cabeza, pero que saluda con un *Ohayo* (buenos días).

Allí encontrarían al ganador de varios Óscars de la academia, pasando un domingo en solitario dibujando. Y es que tal es su pasión, que muchos domingos los pasa allí, disfrutando del fluir, viviendo su *ikigai* por encima de cualquier otra cosa. También sabrán que es recomendable no molestar a Hayao bajo ningún concepto, ya que tiene fama de cascarrabias, sobre todo si le interrumpen cuando está dibujando.

En el 2013, Hayao anunció que se jubilaba. Para conmemorar su retirada, el canal de televisión NHK hizo un documental especial que mostraba a Hayao Miyazaki durante sus últimos días de trabajo. En casi todas las escenas del documental está dibujando. En una de ellas salen varios compañeros de trabajo en una reunión y él está en una esquina dibujando sin escuchar a los demás. En otra aparece caminando hacia el trabajo el día 30 de diciembre (vacaciones nacionales en Japón) y abriendo las puertas del Studio Ghibli para pasar el día allí, dibujando a solas.

El día después de su «retirada», en vez de irse de viaje o quedarse en casa, fue al Studio Ghibli y se sentó a dibujar. Los compañeros de trabajo pusieron cara de póker sin saber qué decir.

¿Puede alguien realmente retirarse si lo que hace le apasiona?

Hayao Miyazaki no puede dejar de dibujar. Un año después de su «retirada», declaró que no iba a hacer largometrajes, pero que «*seguiría dibujando hasta el día de su muerte*».

- - - - - - - - - - - - - -
Ermitaños del *ikigai*

Pero no sólo son los japoneses los que disfrutan de esta capacidad de fluir; también hay artistas y científicos de otras partes del mundo con *ikigais* muy fuertes y definidos. Por eso nunca se jubilan realmente. Hacen lo que les gusta hasta el día de su muerte.

Lo último que escribió Einstein justo antes de cerrar los ojos por última vez fue una de sus fórmulas intentando unificar todas las fuerzas del universo. Murió haciendo lo que le apasionaba. De no haber sido físico, Einstein aseguraba que habría sido feliz dedicándose a la música. Cuando no estaba centrado en la física y las matemáticas, disfrutaba tocando el violín. Fluir trabajando en sus fórmulas o tocando aquel instrumento, ambos sus *ikigai*, le proporcionaban una gran felicidad.

Muchos de estos artistas pueden parecer unos cascarrabias o ermitaños, pero lo único que hacen es proteger su tiempo de felicidad, a veces sacrificando otros aspectos de la vida. Son ejemplos de *outlier* que aplican el fluir a su estilo de vida de forma extrema.

Otro ejemplo de estos ermitaños es Haruki Murakami. Por lo que cuentan, es muy difícil acceder a él. Sólo tiene un círculo de amigos muy cercano y en Japón únicamente aparece en público una vez cada varios años.

Los artistas saben lo importante que es proteger su espacio, su entorno, estar libres de distracciones para poder fluir con su *ikigai*.

- -

Microfluir: disfrutar de las tareas rutinarias

Pero ¿qué pasa cuando tenemos que hacer, por ejemplo, la colada, cortar el césped del jardín o rellenar formularios burocráticos? ¿Podemos convertir estos trabajos cotidianos en misiones agradables?

En la estación de Shinjuku, uno de los centros neurálgicos de Tokio, hay un supermercado donde siguen trabajando ascensoristas. Se trata de ascensores normales que podrían ser operados por los clientes, pero prefieren darles ese servicio abriendo la puerta, pulsando el botón de la planta a la que vas y haciéndote una reverencia cuando sales.

Si uno pregunta, descubre que hay una ascensorista que lleva haciendo el mismo trabajo al menos desde el 2004. Siempre está sonriente y lleva a cabo su trabajo con entusiasmo. ¿Cómo hacer para disfrutar de esta tarea tan sencilla a simple vista? ¿No se aburre después de tantos años haciendo algo tan simple?

Al fijarse un poco más, uno se da cuenta de que la ascensorista no sólo pulsa los botones. Ejecuta toda una secuencia de movimientos. Comienza con un saludo a los clientes entonando la voz como si estuviera cantando, sigue con reverencias y saludos con la mano, y pulsa el botón del ascensor moviendo el brazo de forma grácil como si fuera una geisha manipulando una taza de té.

Csikszentmihalyi se refiere a esta dimensión de lo cotidiano como *microfluir*. Todos hemos estado aburridos en una clase en el instituto, en la universidad o en una conferencia y nos hemos puesto a dibujar algo para mantenernos entretenidos. O nos hemos dedicado a silbar mientras estamos pintando una pared. Al no estar verdaderamente «retados», nos aburrimos y añadimos complejidad para entretenernos.

Nuestra habilidad para convertir una tarea rutinaria en microfluir, en algo que podamos disfrutar, es crítico para ser «felices», ya que todos tenemos que hacer tareas rutinarias.

Incluso Bill Gates asegura lavar los platos todas las noches. Es el hombre más rico del mundo, no tendría por qué hacerlo, pero prefiere hacerlo él. Dice que lo disfruta, que le ayuda a relajarse y a ordenar la mente e intenta hacerlo mejor cada día, siguiendo una secuencia, unas reglas que se ha impuesto a sí mismo: platos primero, tenedores segundo, etc...

Es uno de sus momentos diarios de *microfluir*.

Richard Feynman, uno de los físicos más importantes de la historia, también disfrutaba de tareas rutinarias. El fundador de Thinking Machines, una empresa de computadoras, le contrató cuando ya era famoso mundialmente para resolver problemas a la hora de diseñar un ordenador que pudiera procesar en paralelo.

Explica que Feynman apareció el primer día y preguntó: «*¿En qué puedo ayudar?*» Todavía no tenían nada preparado y le propusieron trabajar en cierto problema matemático. El físico enseguida se dio cuenta de que le estaban dando un trabajo poco importante simplemente para mantenerlo ocupado y dijo: «*Esto es una chorrada de problema, dadme algo realmente importante que hacer*».

Le mandaron a comprar material de oficina a una librería cercana y se fue a cumplir su misión con una sonrisa en la cara. Cuando no tenía nada importante que hacer o necesitaba descansar la mente, Feynman se dedicaba a *microfluir*, por ejemplo, pintando las paredes de la oficina.

Semanas más tarde, unos inversores de la empresa declararon, después de una visita a las oficinas de Thinking Machines: «*Tenéis a un Premio Nobel en la oficina pintando paredes y soldando circuitos*».

- - - - - - - - - - - - - - - - - -
Vacaciones instantáneas: la puerta de la meditación

El entrenamiento de la mente nos puede llevar a fluir rápidamente, ya que meditar es ejercitar nuestros músculos del cerebro.

Hay muchos tipos de meditación, pero el factor común de todas ellas es el objetivo: serenar nuestra mente, observar pensamientos y emociones, concentrar nuestra atención en un único objeto de meditación.

La práctica básica supone sentarse con la espalda recta y concentrarnos en la respiración. Lo puede hacer cualquier persona y los resultados son inmediatos desde la primera sesión. Al fijar nuestra atención sólo en el aire que entra y sale por nuestras fosas nasales, logramos frenar el torrente de pensamientos y aclaramos nuestro horizonte mental.

EL SECRETO DE LA ARQUERA

La ganadora de la medalla de oro de tiro con arco en 1988 fue una coreana de tan sólo 17 años. Cuando le preguntaron por su entrenamiento, dijo que la parte más importante era meditar dos horas al día.

Para enseñar a nuestra mente a fluir con facilidad, la práctica de la meditación es un método excelente, el antídoto a llevar el *smartphone* en el bolsillo con todo tipo de notificaciones activadas.

Uno de los fallos más habituales al empezar a meditar es obsesionarse con hacerlo «bien», con dejar la mente en blanco o llegar al «nirvana», cuando lo importante es centrarse en el viaje.

Dado que la mente es un batiburrillo constante de pensamientos, ideas y emociones, sólo con que logremos detener la «centrifugadora» unos segundos, notaremos un descanso inmediato y una nueva claridad.

De hecho, una de las cosas que aprendemos al meditar es a no inquietarnos por nada de lo que pase por nuestra pantalla mental. Aunque acuda a nuestra conciencia la idea de matar a nuestro jefe, simplemente lo etiquetamos como «pensamiento» y lo dejamos pasar como una nube, sin juzgarlo ni rechazarlo.

Es un pensamiento, nada más. Uno entre los 60.000 diarios que han calculado algunos expertos.

La meditación genera ondas alfa y theta en el cerebro. Estas, en alguien experimentado como meditador, aparecen enseguida, mientras que en un principiante tal vez tarden media hora. Estas ondas de la relajación son las mismas que se activan antes de dormir, al descansar tumbados al sol o justo después de tomar un baño caliente.

Por lo tanto, todos llevamos un balneario en nuestra mente capaz de darnos vacaciones instantáneas. Se trata sólo de saber entrar en él, algo que todo el mundo, a través de la práctica, puede hacer.

VI

INSPIRACIONES
DE LOS CENTENARIOS

Tradiciones y lemas vitales de Ogimi
para una existencia larga y dichosa

Para nuestro viaje a Ogimi, tuvimos que volar casi tres horas desde Tokio hasta Naha, la capital de Okinawa.

Muchos meses antes habíamos contactado con el ayuntamiento de «la aldea de los centenarios» para explicar el motivo de nuestro viaje y nuestra intención de entrevistar a los más viejos de la localidad.

Tras diversas conversaciones, finalmente obtuvimos la ayuda de dos funcionarios y pudimos alquilar una casa al lado del pueblo.

Un año después de haber iniciado el proyecto, nos encontrábamos a las puertas de conocer a los más longevos del mundo.

Enseguida nos dimos cuenta de que allí parecía haberse detenido el tiempo, como si todos vivieran en un presente interminable.

- - - - - - - - - - - -
Llegada a Ogimi

Pasadas dos horas de coche desde Naha, por fin podemos conducir sin preocuparnos por el tráfico. A mano derecha, el mar y la playa desierta, a mano izquierda, montañas cubiertas por *yanbaru*, la jungla de Okinawa.

Tras cruzar Nago, la ciudad donde se produce la cerveza Orion de la que tan orgullosos están todos los *okinawenses*, la carretera 58 sigue el borde del mar hasta llegar al término municipal de Ogimi.

De vez en cuando se ven algunas casitas y tiendas atrapadas en el poco espacio que queda entre la carretera y la ladera de la montaña.

Al entrar oficialmente en el término municipal de Ogimi, pasamos junto a varias zonas con casas diseminadas aquí y allá, pero no parece haber un centro del pueblo.

El sistema de navegación GPS nos lleva finalmente hasta nuestro destino, el Centro de Soporte y Promoción del Bienestar del ayuntamiento de Ogimi.

Es un edificio de hormigón feo en una de las salidas de la 58.

Entramos por la puerta de detrás, donde nos espera Taira. Junto a él aparece una señora muy pequeñita y sonriente que se presenta como Yuki. Enseguida otras dos señoras se levantan de sus asientos, donde están trabajando con ordenadores, y nos guían a una sala de reuniones.

Nos sirven té verde y nos dan un par de *shikuwasa* a cada uno.

Taira es el jefe de la sección de bienestar del ayuntamiento. Vestido con traje formal, se sienta frente a nosotros, abre una agenda y un archivador. Junto a él se sienta Yuki.

En el archivador de Taira están listados todos los habitantes del pueblo, ordenados por edad en cada «club». Taira nos comenta que una de las características de Ogimi es que todo el mundo tiene un grupo de personas (un club o *moai*) con el que ayudarse unos a otros.

Los grupos no tienen ningún propósito concreto, simplemente funcionan casi como una familia. También nos comenta que en Ogimi muchísimas cosas se mueven por voluntariado más que por dinero. Todo el mundo se ofrece para colaborar y el ayuntamiento se encarga de organizar las tareas. De esta forma, todo el mundo se siente parte de la comunidad y puede ser útil en el pueblo.

Ogimi es el penúltimo pueblo antes de llegar al Cabo Hedo, extremo norte de la isla más grande del archipiélago.

Desde la cima de una de las montañas se puede ver toda la extensión del pueblo y percibimos que casi todo es verdor en la jungla *yanbaru*. Enseguida nos preguntamos dónde se esconden los casi 3.200 habitantes. Se ven algunas casas, pero todas ellas esparcidas en pequeños grupos cerca del mar o en alguno de los pequeños valles por los que se adentra alguna carretera secundaria.

- - - - - - - - - - - - - - - -

Una vida en comunidad

Nos invitan a comer a uno de los pocos restaurantes del municipio, pero, al llegar, ya están reservadas las únicas tres mesas que tienen.

—No pasa nada, vamos al restaurante Churaumi, que nunca se llena —dice Yukiko caminando de vuelta a su coche.

Tiene 88 años, pero sigue conduciendo y se enorgullece de ello. Su copiloto tiene 99 años y también ha decidido pasar el día con nosotros.

Tenemos que perseguir su coche a toda prisa, avanzando sin pausa por una carretera que a veces es más un camino de tierra que de asfalto. Finalmente llegamos al otro lado de la jungla, donde por fin podemos sentarnos a comer.

—Yo es que no como en restaurantes, casi todo lo que como lo produzco en mi huerto —dice Yukiko al sentarnos—. Y el pescado se lo compro a Tanaka, que es mi amigo de toda la vida.

El restaurante está junto al mar y parece salido del planeta *Tatooine* de Star Wars. En el menú pone en letras grandes que sirven comida de «granja lenta» hecha con verdura orgánica producida en el pueblo.

—Pero bueno, la comida es lo de menos —sigue hablando Yukiko, que es extrovertida y también algo chula.

Le gusta fardar de su rol de directora de varias asociaciones pertenecientes al ayuntamiento.

—La comida no alarga la vida, el secreto es sonreír y pasarlo bien —dice llevándose a la boca un trozo de dulce del postre diminuto que nos han puesto en el menú del día.

En Ogimi no hay bares y apenas un par de restaurantes, pero los lugareños llevan una vida social muy rica que gira alrededor de centros comunitarios. El municipio está organizado en 17 vecindarios y cada uno tiene un presidente y diferentes personas encargadas de las distintas categorías: cultura, festivales, actividades sociales y longevidad.

Esta última es una sección a la que prestan gran atención.

Nos invitan al centro de reuniones de uno de los 17 vecindarios. Es un edificio viejo junto a la ladera de una de las montañas de la jungla *yanbaru* donde habita el duende *Bunagaya*, la mascota del pueblo.

LOS DUENDES *BUNAGAYA* DE LA JUNGLA *YANBARU*

Los *bunagaya* son unas criaturas mágicas que habitan la jungla *yanbaru* de Ogimi y los pueblos de alrededor. Estos seres se representan como niños con larga melena roja. Les gusta esconderse en los árboles *gajomaru* de la jungla y bajar a la playa a pescar.

Los duendes *bunagaya* son protagonistas de muchos cuentos y fábulas de Okinawa. Son traviesos, bromistas y suelen cambiar de idea u opinión muy rápido, ya que son criaturas impredecibles.

Dicen los locales que los *bunagaya* aman las montañas, los ríos, el mar, los árboles, la tierra, el viento, el agua y los animales; y si quieres hacerte amigo de ellos tienes que mostrar respeto por la naturaleza.

Una fiesta de cumpleaños

Al entrar en el centro de vecinos del distrito, nos reciben una veintena de viejos y nos dicen con orgullo: «¡El más joven de nosotros tiene 83 años!»

Realizamos las entrevistas en una mesa grande bebiendo té verde y, al terminar, nos llevan a una sala de actos donde celebramos todos juntos el cumpleaños de tres de ellos: una señora que cumple 99 años, otra 94 y un «jovencito» que acaba de llegar a los 89 años.

Cantamos varias canciones populares de la aldea y terminamos con el clásico «Happy birthday» en inglés. La señora de 99 años sopla las velas y da las gracias a todos los asistentes a su cumpleaños. Degustamos el pastel casero con *shikuwasa* y terminamos bailando y celebrando como si aquello fuera un cumpleaños de veinteañeros.

Esta es la primera fiesta, pero no la última, a la que asistiremos durante nuestra semana en la aldea. También compartiremos un karaoke con ancianos que cantan mejor que nosotros y conoceremos un festival tradicional con bandas de música locales, bailarinas y tenderetes de comida en la ladera de una montaña.

- - - - - - - - - - - - - - - - -
Celebrar juntos cada día

Fiesta y celebración parecen ser un componente esencial del estilo de vida de Ogimi.

Nos invitan a una partida de *getball*, uno de los deportes más practicados por los viejos de todo Okinawa. Es una especie de petanca que se juega con un palo con el que hay que golpear la pelota. Este deporte suave puede practicarse en cualquier parte, y es una excusa para divertirse juntos y mover el cuerpo. Se celebran competiciones locales y no hay límite de edad entre los participantes.

Nosotros mismos tomamos parte en la partida semanal y perdemos contra una señora que acaba de cumplir los 104 años. Aplauden todos los presentes y ríen mucho al ver nuestra cara de perdedores.

Además de jugar y celebrar en comunidad, la espiritualidad también desempeña un papel muy importante en la felicidad de los aldeanos.

Los dioses de Okinawa

La religión originaria de los reinos de Okinawa es conocida como *ryukyu-shinto* que significa «El camino de los dioses» y mezcla elementos del taoísmo chino, confucionismo, budismo y sintoísmo, así como del chamanismo y animismo.

Según esta fe ancestral, el mundo está poblado por una infinidad de espíritus que se dividen en muchos tipos: los espíritus de las casas, de los bosques, de los árboles, de las montañas... Es importante satisfacer a estos espíritus a través de rituales, festivales y también estableciendo zonas sagradas.

Okinawa está llena de jungla y bosques que son lugares sagrados. En ellos encontramos dos tipos principales de templo: el *utaki* y el *uganju*.

Al lado de la cascada de Ogimi, por ejemplo, visitamos un *uganju*, que es un templito al aire libre donde hay incienso y monedas.

El *utaki* es una acumulación de piedras aparentemente ordenadas donde se va a rezar y donde, según la tradición, se acumulan espíritus y duendes

En la religión de Okinawa, la mujer está considerada espiritualmente superior al hombre, lo contrario que en el sintoísmo tradicional del resto del Japón. Por eso se considera que el poder espiritual es dominio de las mujeres. Las *yuta* son médiums elegidas en los pueblos para comunicarse con el mundo de los espíritus en ritos tradicionales.

El respeto a los antepasados es también muy importante. Por eso, en la casa del primogénito de las familias de Okinawa suele haber un *butsudan*, que es un pequeño altar donde se hacen ofrendas a los antepasados de la familia y se reza por ellos. El énfasis en el respeto por los antepasados es, de hecho, algo común de todos los japoneses.

MABUI

El *mabui* es la esencia de cada persona como ser vivo. Es nuestro espíritu y fuente de energía vital. El *mabui* es inmortal y nos hace únicos.

En ocasiones, el *mabui* de una persona muerta se queda atrapado dentro de alguien vivo. Esto requiere un ritual de separación para liberar el *mabui* de la persona muerta. Suele ser necesario cuando alguien muere de repente —sobre todo alguien joven— y el *mabui* no se quiere ir al plano de los muertos.

El *mabui* también se puede transferir por contacto. Si una abuela le deja un anillo en herencia a su nieta le transfiere algo de su *mabui*. Las fotografías también son un medio para transferir *mabui* de unas personas a otras.

Cuanto más viejos, más fuertes

Vistos en perspectiva, nuestros días en Ogimi fueron intensos pero al mismo tiempo relajados. Algo parecido al estilo de vida de los locales, que parecían estar siempre ocupados con tareas aparentemente importantes, pero, si uno se fijaba bien, descubría que lo hacían todo con calma. Siguiendo siempre su *ikigai*, pero sin prisas.

El último día fuimos a comprar regalos a un pequeño mercado a la salida del pueblo. Allí sólo venden verduras producidas en el pueblo, té verde y zumo de *shikuawasa*, además de botellas de agua en cuya etiqueta pone «Agua de la longevidad», procedente de un manantial escondido en la jungla *yanbaru*.

Nos compramos «agua de la longevidad» y la bebimos en el aparcamiento del mercado mirando el mar, con la esperanza de que aquel botellín que parecía contener una poción mágica nos diera salud, larga vida y nos ayudara a encontrar nuestro *ikigai*.

Nos hicimos una foto junto a una estatua de un duende *bunagaya* y nos acercamos una última vez a leer la inscripción:

- -

DECLARACIÓN DEL PUEBLO
MÁS LONGEVO DEL MUNDO

A los 80 soy todavía un niño.
Cuando vengas a buscarme a los 90,
olvídate de mí y espérame hasta que cumpla los 100.
Cuanto más viejos, más fuertes,
y nada de dejar que nuestros hijos nos mimen.
Si quieres larga vida y salud, eres bienvenido a nuestra aldea,
donde recibirás las bendiciones de la naturaleza
y descubriremos juntos los secretos de la longevidad.

3 de abril de 1993
Federación de Clubes de Ancianos de la Aldea Ogimi.

- -

- - - - - - - - - - - - -
Las entrevistas

A lo largo de una semana, hicimos un total de cien entrevistas para preguntar a los ancianos sobre su filosofía de vida o *ikigai* y el secreto para una vida larga y activa. Las filmamos con dos cámaras para realizar un pequeño documental, y hemos seleccionado para esta sección del libro las que nos han parecido más significativas e inspiradoras.

Se trata de personas que rondaban los cien años o incluso ya los habían superado, y que nos han permitido agrupar los secretos de su longevidad en los siguientes puntos:

1. NO PREOCUPARSE

«El secreto para una vida larga es no preocuparse. Y tener el corazón fresco, no dejar que envejezca. Abrir el corazón a la gente con una buena sonrisa en la cara. Si sonríes y abres el corazón, tus nietos y todo el mundo querrá verte.»

«La mejor manera de no angustiarte es salir a la calle y saludar a la gente. Yo lo hago cada día. Salgo a la calle y digo: "¡Buenos días!" "¡Hasta luego!" Luego vuelvo a casa y cuido del huerto. Y, por la tarde, ver a los amigos.»

«Aquí nadie se lleva mal con nadie. Procuramos no crear problemas. Estar juntos y pasarlo bien, eso es todo.»

2. BUENAS RUTINAS

«Mi ilusión cada mañana es levantarme a las 6 y abrir la cortina para ver el jardín que tengo aquí al lado para cultivar verdura. *Enseguida salgo al jardín para mirar los tomates, las mandarinas... Me encanta mirar todo eso, me relaja. Después de pasar una hora en el jardín vuelvo a casa y me preparo el desayuno.*»

«*Planto mi propia verdura y la cocino yo, ese es mi* ikigai.»

«*El secreto para no atontarse con la edad está en los dedos. Desde los dedos hasta la cabeza y otra vez de vuelta. Si sigues moviendo los dedos trabajando, llegarán los 100 años.*»

«Yo me levanto cada día a las 4. *Me pongo el despertador a esa hora para tomarme un café y empezar a hacer ejercicio, levantando los brazos. Eso me da energía para el resto del día.*»

«*Como de todo, creo que ese es el secreto. Me gusta la comida variada porque es deliciosa.*»

«*Trabajar. Si no trabajas, tu cuerpo se estropea.*»

«*Cuando me despierto, me acerco al butsudan (el templo familiar) a poner incienso. Hay que tener en cuenta a los antepasados. Es lo primero que hago cada mañana.*»

«*Me levanto cada día a la misma hora, temprano, y paso la mañana en el huerto. Una vez por semana me junto con los amigos para ir a bailar.*»

«Hago ejercicio cada día y todas las mañanas doy un pequeño paseo.»

«Nunca dejo de hacer mis ejercicios de taiso al levantarme.»

«Comer verdura, eso te hace vivir mucho.»

«Una vida larga depende sólo de tres cosas: ejercicio para la salud, comer bien y juntarte con gente.»

3. CULTIVAR LAS AMISTADES CADA DÍA

«Reunirme con mis amigos es mi ikigai más importante. Aquí nos juntamos todos y hablamos, es muy importante. Siempre tengo en mente el siguiente día que nos vamos a encontrar aquí, es lo que más me gusta en la vida.»

«Mi principal hobbie es encontrarme con los vecinos y los amigos.»

«Hablar cada día con la gente que quieres, ese es el secreto de una vida larga.»

«"¡Buenos días! ¡Hasta luego!" les digo a los niños que van al colegio, y saludo a todos los que pasan con el coche. "¡Id con cuidado!" Desde las siete y veinte hasta las ocho y cuarto estoy todo el rato de pie en la calle saludando. Una vez se han ido todos, me meto en casa.»

«Charlar y tomar el té con los vecinos. Eso es lo mejor de la vida. Y cantar juntos.»

«Yo me levanto a las 5 cada mañana, salgo de casa y bajo al mar. Luego voy a casa de una amiga y tomamos el té. Ese es el secreto de una vida larga: juntarte con todos e ir de aquí para allá.»

4. VIVIR SIN PRISAS

«Mi secreto para una vida larga es decirme siempre "despacio", "con calma". Sin prisas se vive mucho más.»

«Cada día trabajo el mimbre, ese es mi ikigai. Al despertarme, lo primero que hago es rezar. Luego hago ejercicio y desayuno. A las 7 empiezo a trabajar con los hilos de mimbre, con tranquilidad. A las 5, cuando me canso, voy a reunirme con los amigos.»

«Hacer muchas cosas cada día. Estar siempre ocupada, pero una detrás de otra, sin agobiarte.»

«El secreto de una vida larga es irse a dormir pronto, despertarse pronto y dar un paseo. Vivir con calma y disfrutar de las cosas. Llevarse bien con los amigos. Primavera, verano, otoño, invierno...
Disfrutar de todas las estaciones con felicidad.»

5. OPTIMISMO

«*Cada día me digo a mí mismo: "Hoy va a ser un día con salud y energía". A tope.*»

«*Tengo 98 años, pero aún me considero joven. Me queda mucho por hacer.*»

«*Reírse, reírse es lo más importante. Allá donde voy, me río.*»

«*Llegaré a los cien. ¡Claro que llegaré! Esa es una gran motivación para mí.*»

«*Cantar con los nietos y bailar juntos, eso es lo mejor de vivir.*»

«*Mis mejores amigos se han ido al paraíso. En Ogimi ya no hay barcos tampoco, por eso apenas hay pescado. Antes se podían comprar pescados pequeños y también muy grandes. Pero ahora no hay barcos, tampoco hay seres humanos. Se han ido todos al paraíso.*»

«*Me siento afortunada de haber nacido aquí. Doy las gracias cada día.*»

«*Lo más importante en Ogimi, y en la vida, es sonreír.*»

«*Hago de voluntaria en la aldea para devolver un poco de todo lo que me han dado. Ayudo, por ejemplo, a amigos y amigas a ir al hospital con mi coche.*»

«*No hay ningún secreto. El truco es simplemente vivir.*»

CLAVES DEL ESTILO DE VIDA
DE OGIMI

- El 100% de los entrevistados tiene un huerto y la mayoría de ellos campos enteros de plantaciones de té, *shikuwasa*, mangos, etcétera.
- Todos pertenecen a alguna asociación de vecinos en la que se sienten queridos como si pertenecieran a una familia.
- Celebran mucho, incluso las pequeñas cosas. La música, cantar y bailar es parte esencial de su día a día.
- Tienen una misión importante en la vida, o incluso varias. Tienen un *ikigai*, pero tampoco se lo toman muy en serio. Hay relajación y disfrute en lo que hacen.
- Están muy orgullosos de sus tradiciones y de la cultura local.
- Muestran pasión por todo lo que hacen por poco importante que parezca.
- El *yui-maru*, que se podría traducir como «espíritu de cooperación mutua», está firmemente asentado dentro del corazón de los locales. No sólo se ayudan en labores agrícolas, como la cosecha de caña de azúcar o la siembra de arroz, sino también a la hora de construir una casa o de prestarse voluntarios en obras públicas. Nuestro amigo Miyagi, con el que terminamos cenando el último día, nos contó que estaba construyendo una casa nueva con la ayuda de todos sus amigos y que podríamos quedarnos en ella la próxima vez que volviéramos a Ogimi.

- Están siempre ocupados, pero con tareas diversas que les permite relajarse. No vimos a ningún abuelo sentado en un banco sin hacer nada. Siempre estaban moviéndose de aquí para allá, yendo al karaoke, a la reunión de vecinos, o a la próxima partida de *getball*.

VII

LA DIETA *IKIGAI*

Qué comen y beben
los más longevos del mundo

Según datos de la Organización Mundial de la Salud, Japón es el país del mundo con mayor esperanza de vida. Los hombres tienen una esperanza de vida de 85 años y las mujeres de 87,3 años.

Debido a su clima y la dieta mediterránea, España sigue de cerca a Japón. En España los hombres viven 79,5 años de promedio y las mujeres 85 años.

Japón tiene, además, el mayor índice de centenarios del mundo, como ya vimos al principio del libro: más de 452 centenarios por cada millón de habitantes (datos de julio del 2014).

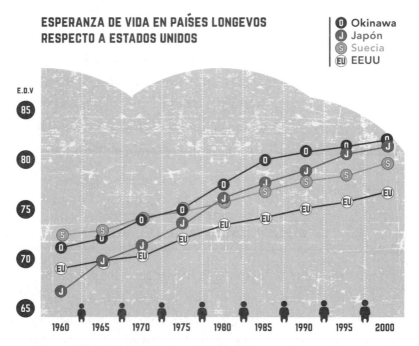

ESPERANZA DE VIDA EN PAÍSES LONGEVOS RESPECTO A ESTADOS UNIDOS

- **O** Okinawa
- **J** Japón
- **S** Suecia
- **EU** EEUU

Fuente: W.H.O. 1966; Ministerio japonés de Salud y Bienestar 2004; Departamento de EEUU de Salud y Servicios Sociales/CDC 2005.

La esperanza de vida en Japón es muy alta, pero dentro del país hay mucha diversidad dependiendo de las provincias. En esta gráfica donde se compara la esperanza de vida de los habitantes de Japón, Suecia, Estados Unidos y Okinawa (provincia de Japón) se puede ver cómo la esperanza de vida de Japón es alta, pero Okinawa toma la primera posición con bastante diferencia a partir de los años 70.

Okinawa fue una de las provincias más afectadas por la guerra. Debido a las muertes causadas en batalla y también al hambre y la falta de recursos al terminar el conflicto, la esperanza de vida media de los *okinawenses* en los años 40 y 50 no fue muy alta. Pero conforme se fueron recuperando después de la destrucción llegaron a ser los más longevos del país.

¿Cuáles son las claves de la larga vida de los japoneses? ¿Qué tiene de especial Okinawa para ser la número 1 dentro de los número 1?

Los investigadores señalan, por ejemplo, que Okinawa es la única provincia de Japón sin trenes. Sus habitantes están forzados a caminar. También es la única provincia en la que se ha conseguido seguir la recomendación del Gobierno japonés de consumir menos de 10 gramos de sal al día.

- -
La dieta milagrosa de Okinawa

En esta isla al sur de Japón, el índice de muertes por problemas cardiovasculares es de los más bajos del país y, sin duda, la nutrición tiene mucho que ver con ello. No es casualidad que «la dieta de Okinawa» ocupe a menudo las ponencias sobre alimentación en todo el mundo.

Los datos de la dieta de Okinawa más serios, y más utilizados en libros y artículos, son los procedentes de los estudios de Makoto Suzuki, un cardiólogo de la Universidad de Ryukyu que ha publicado más de 700 artículos científicos sobre la dieta y el envejecimiento en Okinawa desde los años 1970.

J. Willox y C. Willox se unieron al equipo de investigación de Makoto Suzuki y concentraron todo el conocimiento en un libro que se considera la biblia del tema, *The Okinawa Program*, publicado en el 2011.

Tras estudiar la alimentación en la isla de los más longevos durante 25 años, llegaron a las siguientes conclusiones:

- Los nativos toman *mucha variedad de alimentos, sobre todo de origen vegetal.* La variedad parece ser muy importante en este punto. En el estudio llevado a cabo con centenarios de Okinawa se encontró que consumían 206 alimentos diferentes de forma regular, incluyendo especias. En términos diarios, encontraron que los centenarios comían una media de dieciocho alimentos diferentes cada día, lo cual contrasta con la pobreza de nuestra cultura del *fastfood*.
- *Comen al menos cinco platos de verdura o fruta al día.* Al menos siete tipos de verduras y frutas son consumidos a diario por la población. La técnica más sencilla para saber si hay suficiente variedad en la mesa es la de la «variedad de color». En una mesa con pimientos rojos, zanahorias, espinacas, coliflor y berenjena, por ejemplo, conseguimos mucho color y variedad. Las verduras, patatas y legumbres, y los derivados de la soja como por ejemplo el tofu, son los alimentos más

comunes en la dieta de Okinawa. Sobre el 30% de las calorías diarias provienen de las verduras.

- *Los cereales son la base de la dieta.* Los japoneses comen arroz blanco a diario y lo suplementan según el día con fideos soba o udón, las dos clases principales de pasta. El arroz es también la comida más consumida en Okinawa.
- *Apenas consumen azúcar de forma directa* y, si lo hacen, es azúcar de caña. Los autores de este libro podemos dar fe de esto, ya que cada mañana atravesábamos con el coche varias plantaciones de azúcar de caña, camino a Ogimi. Y junto al castillo de Nakajin tomamos incluso un vaso de zumo de caña. Junto al tenderete, había un cartel con un estudio sobre los efectos protectores del azúcar de caña contra el cáncer.

Además de estos principios de la dieta de Okinawa, hay que destacar que la población de la isla come pescado tres veces por semana, como promedio, y que a diferencia de otras partes de Japón, la carne más consumida es la de cerdo, aunque sólo la toman una o dos veces por semana.

Asimismo, en los estudios de Makoto Sukuki se indica lo siguiente:

- Los okinawenses consumen, por lo general, un tercio del azúcar que en el resto de Japón, lo cual significa que los dulces y chocolates están mucho menos presentes en los hábitos alimentarios.
- Consumen casi la mitad de sal que el resto de los japoneses. 7 gramos al día comparado con la media de 12 gramos del resto de Japón.

- Ingieren menos calorías a diario: 1.785, comparado con la media de 2.068 del resto de Japón. De hecho, el bajo consumo calórico es algo común en las cinco zonas azules.

- - - - - - - - - -

Hara hachi bu

Esto nos lleva de vuelta a la ley del 80% que ya mencionamos en el primer capítulo, concepto que en japonés se denomina *hara hachi bu*. Aplicar este principio es muy sencillo. Simplemente cuando sientas que estás casi lleno y que podrías comer algo más, ¡deja de comer!

Una forma muy fácil de comenzar a aplicar el *hara hachi bu* es dejar de comer postres. O reducir un poco la porción que sueles comer. Te tienes que quedar con un poco de hambre al terminar.

Por eso mismo, las porciones que se sirven en Japón suelen ser mucho más pequeñas que en Occidente. La comida no viene en primer plato, segundo plato y postre como en España, por ejemplo. Lo típico es combinarlo todo en muchos platitos pequeños: uno con arroz, uno con verduras, un bol con sopa de miso, uno con algo para picar. La presentación de la comida en muchos platos pequeños ayuda a no abusar comiendo, además de facilitar la variedad de la que hablábamos al principio de este capítulo.

Los orígenes del *hara hachi bu* son, de hecho, milenarios. En el libro del siglo XII *Zazen Yokijinki*, sobre la práctica del zen, se recomienda a los practicantes comer hasta llenar dos tercios de lo que realmente les apetece comer. Comer menos de lo que uno desea es algo común en la dieta de todos los templos budistas en Oriente. Quizás los beneficios de la restricción calórica sea algo conocido de forma intuitiva por la religión budista desde hace nueve siglos o más.

Entonces, ¿comer menos alarga la vida?

Esto es una evidencia que pocos se atreven a cuestionar. Sin llegar al límite de la malnutrición, comer menos calorías de las que nuestro cuerpo nos pide parece ser un optimizador de la longevidad. La clave para consumir pocas calorías y estar sano es comer muchos alimentos con alto valor nutritivo, conocidos en inglés como *superfoods* (superalimentos), y restringir los que tienen exceso de *calorías vacías*, cuyo aporte energético no es aprovechado por el ser humano.

La *restricción calórica* de la que hemos hablado es una de las técnicas más efectivas para añadir años de vida. Tanto los experimentos con ratas de laboratorio como los estudios realizados en zonas azules han demostrado que guardar un poco de «hambre» —la famosa ley del 80%— alarga la juventud del cuerpo. Si el cuerpo tiene siempre suficientes calorías, o incluso excesivas, se aletarga y desgasta, consumiendo gran cantidad de energía en digerir los alimentos.

Uno de los beneficios de la restricción calórica es que reduce los niveles IGF-1. El IGF-1 (factor de crecimiento insulínico tipo 1) es una proteína que juega un papel muy importante en el proceso de envejecimiento. Una de las razones por la que tanto animales como humanos envejecen es tener una cantidad excesiva de IGF-1 en sangre.

Si nuestra rutina laboral no nos permite aplicar la ley del 80% diariamente, una alternativa es ayunar uno o dos días por semana. La dieta «5:2», que está ahora de moda en Estados Unidos, recomienda ayunar dos días a la semana (menos de 500 kcal los días de ayuno) y el resto de los días comer normal. Ayunar ayuda al sistema digestivo a descansar y a depurarse, entre muchos otros beneficios.

- - - - - - - - - - - - - - - - - - - -
15 antioxidantes naturales de la dieta de Okinawa

Los antioxidantes son moléculas que retrasan la oxidación de las células, neutralizando los radicales libres que las dañan, provocando el envejecimiento del cuerpo. Es bien conocido el poder antioxidante del té verde, del que hablaremos luego más extensamente.

Los 15 alimentos que se consideran clave en la vitalidad de los okinawenses por su gran contenido de antioxidantes y por ser consumidos prácticamente a diario son los siguientes:

- Tofu
- Miso
- Bonito
- Zanahorias
- Goya (una verdura de color verde amarga)
- Konbu (un tipo de alga)
- Col
- Nori (alga)
- Cebolla

- Brotes de soja
- Hechima (un tipo de pepino)
- Habichuelas de soja (hervidas o crudas)
- Boniato
- Pimientos
- Té *sanpincha*

- - - - - - - - - - - - - - - - - -
El té *sanpincha*: la infusión reina de Okinawa

Este es el té más consumido en Okinawa, mezcla de té verde y flores de jazmín. El equivalente más parecido en Occidente sería el té de jazmín que normalmente llega de China. Un estudio llevado a cabo por Hiroko Sho en la Universidad de Okinawa llegó a la conclusión de que el té de jazmín baja los niveles de colesterol en sangre.

En Okinawa se encuentra en todo tipo de formatos y no falta en cualquier máquina de bebidas que te encuentras por la calle.

Además de todos los beneficios antioxidantes del té verde, también incluye los beneficios del té de jazmín:

- Reduce el riesgo de ataques al corazón.
- Fortalece el sistema inmunológico.
- Ayuda a mitigar el estrés.
- Reduce los niveles de colesterol.

Los okinawenses toman de media tres tazas de té de *sanpincha* a diario.

En Occidente puede resultar difícil encontrar esta mezcla concreta de té, pero podemos optar por el té de jazmín o, directamente, por un té verde de alta calidad.

Los secretos del té verde

Esta infusión ha sido considerada desde hace siglos un alimento de alto poder medicinal. Estudios recientes han confirmado estas propiedades y han atestiguado la influencia de esta planta milenaria en la longevidad de quienes la consumen con frecuencia.

Proveniente de China, donde se consume desde hace milenios, no fue exportado al resto del mundo hasta hace unos pocos siglos.

A diferencia de otros tés, y debido a su secado al aire sin fermentación, conserva sus principios activos incluso una vez seco y desmenuzado. Por ello tiene una gran cantidad de efectos positivos sobre la salud:

- Controla el colesterol.
- Baja los niveles de azúcar en sangre.
- Regula el flujo sanguíneo.
- Protege contra la gripe gracias a su vitamina C.
- Favorece a los huesos, gracias a su alto contenido en fluoruro.
- Protege contra algunas infecciones bacterianas.
- Protege contra la radiación solar.
- Tiene efectos depurativos y diuréticos.

El té blanco, con una cantidad aún mayor de polifenoles, podría ser incluso más potente contra el envejecimiento. De hecho, se considera que es el producto natural con mayor poder antioxidante del mundo. Tanto es así que una infusión de té blanco podría equivaler a tomar alrededor de una docena de vasos de zumo de naranja natural.

Resumiendo: tomar té verde o blanco diariamente puede ayudarnos a reducir las cantidades de radicales libres y, de esta forma, mantenernos jóvenes más tiempo.

- - - - - - - - - - - - - - - -
Ogimi, un caso aparte

Llamado también «la aldea de los centenarios», es el pueblo con mayor longevidad de Okinawa.

Y en Ogimi no sólo se vive más, sino que también se vive con salud hasta más edad. No es raro ver a habitantes de esta localidad agrícola por encima de los 90 años moviéndose en moto, o centenarios caminando y cuidando de sus huertos.

Comparado con el resto de Japón en Ogimi:

- Ingieren 3 veces más cantidad de verduras verdes a diario.
- Comen 1,5 veces más legumbre (soja).
- Consumen más algas y más pescado que en el resto de Japón.
- Su ingesta de arroz es inferior a la media nacional japonesa.

El poder de las *shikuwasas*

Esta fruta es el cítrico por excelencia de Okinawa, y el mayor pueblo productor de todo Japón es Ogimi.

De acidez extraordinaria (resulta imposible tomar el jugo si no se rebaja antes con agua), el sabor de las *shikuwasa* está a medio camino entre una lima y una mandarina, a la que se parece exteriormente.

La *shikuwasa* posee una gran cantidad de *nobiletina*, que es un flavonoide con mucho poder antioxidante.

Cualquier tipo de cítrico —pomelos, naranjas, limones— contiene *nobiletina*, pero *las shikuwasas de Okinawa tienen una concentración de nobiletina 40 veces mayor que las naranjas.* Se ha comprobado que el consumo de *nobiletina* ayuda a protegernos contra la arterioesclerosis, el cáncer, la diabetes de tipo dos y la obesidad en general.

Tiene, además, vitamina C, B1, caroteno y minerales.

Se utiliza en todo tipo de platos tradicionales, para dar sabor a la comida y también se toma licuada como zumo.

Mientras realizábamos nuestro estudio, el día del cumpleaños de los abuelos y abuelas nos sirvieron pastel con sabor a *shikuwasa*.

EL CANON DE LOS ANTIOXIDANTES PARA OCCIDENTALES

En 2010, el periódico *Daily Mirror* publicaba una lista de alimentos recomendados por los expertos para retrasar el envejecimiento. Entre ellos se incluían:

- *Verduras:* por su alta concentración de agua y minerales, además de fibra. Por ejemplo, las acelgas y el brócoli.
- *Pescado azul:* por el alto contenido en antioxidantes de su grasa. Por ejemplo, el salmón, la caballa, el atún y las sardinas.
- *Fruta:* son una gran fuente de vitaminas y ayudan a eliminar toxinas. No pueden faltar los cítricos, las fresas o los albaricoques.
- *Bayas:* tienen una gran cantidad de antioxidantes fotoquímicos. Por ejemplo, los arándanos o las bayas de goji.
- *Frutos secos:* contienen antioxidantes y vitaminas, y proporcionan energía.
- *Cereales:* proporcionan energía y contienen minerales. Por ejemplo, la avena y el trigo.
- *Aceite de oliva:* por su efecto antioxidante, que se refleja sobre todo en la piel.
- *Vino tinto:* con moderación, por su alta capacidad antioxidante y vasodilatadora.
- Seguir esta dieta de forma habitual nos ayudará a sentirnos más jóvenes y a retrasar el envejecimiento prematuro de nuestro organismo.

NOTA: los alimentos que deberían eliminarse de la dieta son las harinas y azúcares refinados, la bollería industrial y los alimentos precocinados, así como la leche de vaca y sus derivados.

- -

VIII

MOVERSE SUAVEMENTE ES VIVIR MÁS

Ejercicios de Oriente que favorecen
la salud y la longevidad

Estudios hechos en las zonas azules indican que los que más viven no son aquellos que hacen más deporte, sino los que se mueven más.

Cuando visitamos Ogimi, el pueblo más longevo del mundo, descubrimos que incluso aquellos de más de ochenta y noventa años son muy activos. No se quedan sentados en casa mirando por la ventana y leyendo el periódico. Los habitantes de Ogimi caminan mucho, se suben al coche y van al karaoke comunitario, se levantan pronto por la mañana y nada más desayunar van al huerto a eliminar malas hierbas con las manos. No practican ningún deporte en concreto, pero no dejan de moverse al seguir sus rutinas diarias.

TAN SIMPLE COMO LEVANTARSE DE LA SILLA

«El metabolismo se ralentiza un 90% después de estar sentados durante 30 minutos. Los enzimas que mueven la grasa de tus arterias a tus músculos reducen su actividad. Después de estar dos horas sentados, el colesterol bueno en la sangre baja un 20%. Simplemente levantándonos de la silla cinco minutos vuelve todo a la normalidad. Levantarse de la silla es algo muy simple, es casi estúpido no hacerlo», declara Gavin Bradley, uno de los mayores expertos en el tema y director de una asociación internacional dedicada a concienciarnos de lo malo que es para nuestra salud estar sentados todo el rato.

En nuestra vida cotidiana, si vivimos en la ciudad, nos puede resultar difícil movernos de forma natural y saludable, pero podemos recurrir a ejercicios que han demostrado sus beneficios en el organismo desde hace muchos siglos.

Las disciplinas orientales para equilibrar alma, cuerpo y mente se han puesto muy de moda en Occidente, pero en sus naciones de origen vienen empleándose para propiciar la salud desde hace milenios.

El Yoga —de origen indio pero muy popular en Japón—, o las disciplinas chinas del Tai Chi o el Qigong, entre otras modalidades, buscan crear armonía en el cuerpo y la mente de la persona, para que afronte la vida con entereza, alegría y serenidad.

De hecho se los considera, avalados por la ciencia, elixires para la juventud.

Estos ejercicios suaves benefician profundamente a la salud y son especialmente apropiados para las personas mayores que tienen más problemas para mantenerse en forma.

Se ha demostrado, entre otras cosas, que el Tai Chi ayuda a mitigar la osteoporosis, a ralentizar el Parkinson y a promover la buena circulación de la sangre, además de mejorar la elasticidad y la tonificación musculares. No son menos importantes los beneficios a nivel emocional, ya que son un buen escudo contra el estrés y las depresiones.

Practicar una disciplina oriental ayuda a alargar la vida, como demuestran los centenarios japoneses.

A continuación conoceremos algunos de estos métodos que favorecen la salud y la longevidad, pero como aperitivo veamos un ejercicio puramente japonés para empezar el día.

- - - - - - - -
Radio taiso

Este tipo de ejercicios de calentamiento matutino se practican desde antes de la guerra. Lo de «radio» se ha quedado en el nombre porque las instrucciones de cada uno de los ejercicios se solía emitir por radio.

Hoy en día la gente suele hacerlos por la mañana sintonizando el canal de televisión donde emiten los ejercicios. Uno de los propósitos principales de practicar *«radio taiso»* es el reforzamiento del espíritu de cooperación y unidad de todos los participantes.

Se practica siempre en grupo, normalmente en escuelas antes de empezar las clases y en las empresas antes de empezar a trabajar.

Uno de los puntos comunes que encontramos en casi todos los entrevistados de Ogimi es que practicaban ejercicios *radio taiso*, la mayoría de ellos por la mañana. Incluso en la residencia de ancianos que visitamos, con algunos de ellos ya postrados en sillas de ruedas, también dedicaban cinco minutos a hacer *radio taiso*.

Cuando se practican estos ejercicios en grupo se suele hacer con altavoces en pistas deportivas o en salas grandes.

Se pueden realizar en 5 o 10 minutos dependiendo de si se hacen todos o parte de ellos. Los ejercicios se centran en estiramientos y en trabajar la movilidad de las articulaciones. Uno de los ejercicios más fotogénicos y conocidos de *radio taiso* consiste simplemente en alzar los brazos por encima de la cabeza y luego bajarlos haciendo un movimiento circular.

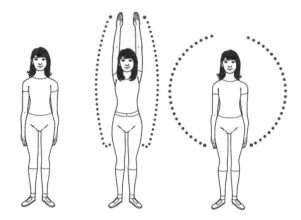

Versión sencilla de ejercicicios de *radio taiso* (5 minutos)

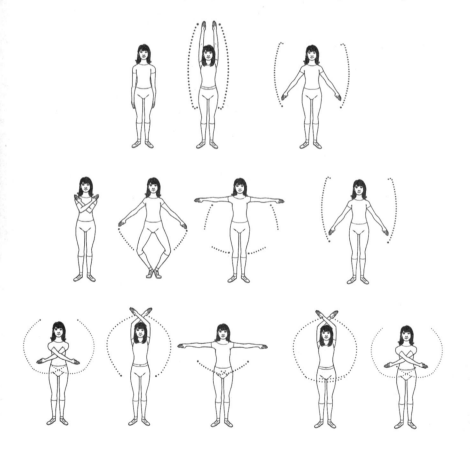

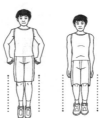

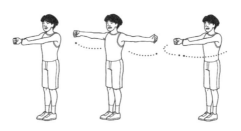

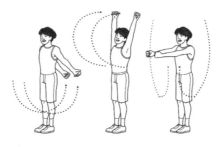

- - - -
Yoga

Extendido tanto en Japón como en Occidente, el Yoga es apto para casi cualquier tipo de persona. Se han llegado a adaptar algunos de sus pasos para personas discapacitadas o mujeres embarazadas.

El Yoga procede de la India, donde se desarrolló hace milenios para tratar de unir en comunión los elementos físicos y mentales del ser humano. La propia palabra *Yoga* proviene del término sánscrito que significa «yugo», y que hace referencia a la guarnición que unía y mantenía juntos a los animales de tiro, entre sí y con el carro. De la misma forma, el Yoga busca unir el cuerpo y la mente, para hacer avanzar a la persona hacia una vida sana y en comunión con lo que la rodea.

Por tanto, los principales objetivos del Yoga son:

- La aproximación a nuestra naturaleza humana.
- La purificación mental y física.
- La aproximación a lo divino.

Estilos de Yoga

Aunque todos buscan objetivos parecidos, existen diversos tipos de Yoga según la tradición y los textos desde los que se ha desarrollado. Las diferencias radican básicamente, como dicen los maestros, en la senda que se toma para alcanzar la cumbre de la perfección.

- *Jnana Yoga:* El yoga del conocimiento, que busca la disciplina y el crecimiento mental.

- *Karma Yoga:* Se centra en la acción, en las tareas y las obligaciones que se pueden realizar para servir a uno mismo y a la comunidad.
- *Bhakti Yoga:* El yoga de la devoción y la entrega a lo divino.
- *Mantra Yoga:* Se centra en la recitación de mantras para alcanzar un estado de relajación mental.
- *Kundalini Yoga:* Incluye diversos pasos combinados para alcanzar el estado deseado.
- *Raja Yoga:* Conocido como el Camino Real, engloba diversos pasos para la comunión total con uno mismo y los demás.
- *Hatha Yoga:* El más extendido en Occidente y en Japón, se caracteriza por las *asanas*, posturas, a través de las cuales se busca el equilibrio.

- -
Cómo realizar el Saludo al Sol

Uno de los ejercicios más emblemáticos del Hatha Yoga es el Saludo al Sol. Para realizarlo sólo hay que seguir estos 12 pasos básicos:

1. Junta los pies y yérguete, con el cuerpo recto pero sin tensión. Exhala.
2. Une las palmas de las manos y, en esta posición, sube los brazos por encima de la cabeza. Arquea un poco el cuerpo hacia atrás mientras inspiras.
3. Espira e inclínate hacia delante hasta tocar el suelo con las palmas de las manos, manteniendo las rodillas

rectas.

4. Lleva una pierna hacia atrás, y estírala para tocar el suelo con la punta de los dedos. Inspira.

5. Lleva la otra pierna hacia atrás y mantén brazos y piernas estirados, mientras retienes el aire.

6. Mientras espiras, dobla los brazos y lleva el pecho hasta el suelo y hacia delante, apoyando las rodillas en el suelo.

7. Estira los brazos y arquea la columna hacia atrás, manteniendo la mitad inferior del cuerpo pegada al suelo. Inspira.

8. Apoya manos y pies en el suelo y levanta la cintura, hasta estirar piernas y brazos y formar una V invertida. Espira durante el proceso.

9. Lleva hacia delante la misma pierna que antes habías estirado y flexiónala, hasta que tu rodilla y tu pie estén alineados bajo tu cabeza y entre ambas manos. Inspira.

10. Yérguete manteniendo las manos en el suelo, como en la posición número 3. Espira.

11. Sube los brazos por encima de la cabeza con las palmas unidas, y arquea la espalda como en la posición 2 mientras inspiras.

12. Baja los brazos hasta la posición inicial, la de la montaña, mientras espiras.

Así habrás saludado al sol, preparándote para tener un día fabuloso.

Exhalar

Inhalar

Inhalar

Exhalar

Exhalar

Inhalar

Inhalar

Exhalar

Retener

Inhalar

Exhalar

Tai Chi

También llamado *Taijiquan*, es un arte marcial chino muy popular en Japón, cuyas primeras escuelas se remontan centenares de años atrás hasta el budismo y el confucionismo.

Según la tradición china, su creador fue Chan San-Feng, maestro taoísta y practicante de artes marciales, aunque fue Yang Lu Chan quien, en el siglo xix, lo difundió al resto del mundo.

El Tai Chi fue inicialmente un arte marcial *neijia*, interno, es decir, que buscaba la superación personal. Su finalidad era la autodefensa, enseñando al practicante a vencer a su adversario utilizando el mínimo de fuerza posible y enfatizando la agilidad.

Más tarde, el Tai Chi, que también era considerado un medio para la sanación de cuerpo y mente, se fue convirtiendo cada vez más en una técnica para promover la salud y la paz interior. El Gobierno chino lo popularizó como un ejercicio para incentivar a sus ciudadanos a hacer ejercicio, y fue perdiendo su base como arte marcial para convertirse en una fuente de salud y bienestar apta para todos los públicos.

Estilos de Tai Chi

Existen diversas escuelas y estilos de práctica del Tai Chi, de los que históricamente destacan los siguientes:

- *Estilo Chen:* Se caracteriza por alternar movimientos lentos con movimientos explosivos.

- *Estilo Yang:* Con movimientos lentos y fluidos, es el más extendido.
- *Estilo Wu:* Utiliza unos movimientos breves, muy lentos y deliberados.
- *Estilo Hao:* Los movimientos externos son casi microscópicos, porque se centra en los movimientos internos. Es una de las formas menos practicadas de Tai Chi, incluso en China.

Sea cual sea el estilo elegido, todos ellos comparten los siguientes objetivos:

1. Controlar el movimiento con la quietud.
2. Superar la fuerza con la delicadeza.
3. Moverse después pero llegar primero.
4. Conocerse a uno mismo y al oponente.

Diez principios básicos para practicar Tai Chi

Según el maestro Yang Cheng-Fu, existen diez principios básicos para practicar correctamente el Tai Chi. Estos son:

1. La cabeza alta, centrando en ella la energía.
2. Pecho contraído y espalda estirada, para que el tren inferior resulte liviano.
3. Cintura relajada para que guíe a todo el cuerpo.
4. Diferenciar entre pesado y liviano, para identificar dónde recae el peso del cuerpo.
5. Hombros relajados, para que la fuerza fluya y los codos estén libres.

6. Priorizar la creatividad de la mente sobre la fuerza del cuerpo.
7. Unión de la parte superior y la parte inferior del cuerpo, para que actúen juntos.
8. Unión de lo interno con lo externo, para que se sincronicen mente, cuerpo y respiración.
9. Concatenación de los movimientos sin interrupciones, para que sean fluidos y armoniosos.
10. Búsqueda de la calma dentro del movimiento. La acción del cuerpo lleva la relajación a la mente.

Imitando nubes

Uno de los ejercicios fluidos más famosos del Tai Chi consiste en representar a las nubes, con el ejercicio llamado «*Mover las manos como nubes*».
Para hacerlo paso a paso:

1. Extiende los brazos hacia el frente, con las palmas hacia abajo.
2. Gira las manos hacia dentro, como si abrazaras un árbol.
3. Abre los brazos hacia los lados.
4. Lleva el brazo derecho hacia arriba y el centro y el izquierdo hacia abajo y hacia el centro.
5. Dibuja una pelota imaginaria frente al cuerpo.
6. Gira la mano derecha hacia el rostro.
7. Pon el peso sobre el pie derecho y pivota hacia ese lado desde la cadera, mientras los ojos siguen el movimiento de la mano.
8. Cambia la posición de las manos, llevando la derecha a la cintura y la izquierda frente al rostro.

9. Pon el peso del cuerpo sobre el pie izquierdo.
10. Pivota hacia el lado izquierdo, mirando todo el tiempo la mano izquierda alzada.
11. Repite los movimientos de forma fluida, cambiando el peso del cuerpo sobre cada pie al cambiar de posición las manos.
12. Vuelve a estirar los brazos frente al cuerpo y bájalos despacio, para volver a la posición inicial.

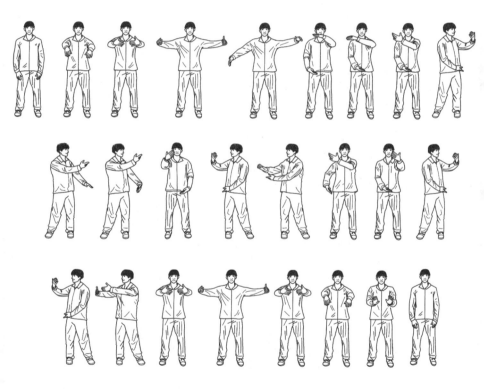

Qigong

También conocido como *Chi Kung*, deriva de *qi*, energía vital, y *gong*, trabajo, con lo que su objetivo es trabajar con la fuerza vital del organismo. Aunque es relativamente moderno, especialmente el término con el que se denomina en la actualidad, el arte del Qigong deriva de las antiguas *Dao Yin*, las artes orientales destinadas a mejorar el bienestar mental y la salud física.

A principios del siglo xx empieza a aparecer en numerosos tratados sobre entrenamiento y artes marciales, y en la década de los treinta empieza a ser utilizado en hospitales, como demuestra el libro *El método de tratamiento con Qigong para la tuberculosis*, de Dong Hao. Posteriormente, el Gobierno chino empezó a popularizarlo, como sucedió con el Tai Chi.

El Qigong se practica mediante ejercicios físicos, estáticos o dinámicos, que estimulan la respiración, desde la posición erguida, sentada o estirada. Existen diversos estilos de esta disciplina, pero en todos ellos se busca reforzar la energía vital existente y regenerarla. Aunque los movimientos, por lo general, son suaves, el trabajo es intenso.

Beneficios del Qigong

Según numerosos estudios científicos realizados en todo el mundo, el Qigong, así como el Tai Chi y el Yoga, tienen numerosos efectos sobre la salud.

De aquellos que se han probado mediante análisis científicos destacan, tal como recoge el doctor Sancier en su artículo *Aplicaciones médicas del Qigong*:

- Modificaciones en las ondas cerebrales.
- Mejora del balance de hormonas sexuales.
- Menor mortalidad por casos de infarto.
- Mejora de la presión sanguínea en los pacientes hipertensos.
- Refuerzo de la densidad de los huesos.
- Mejora de la circulación de la sangre.
- Ralentización de los síntomas asociados a la senilidad.
- Mayor efectividad y equilibrio entre las funciones del cuerpo.
- Mayor irrigación cerebral y comunicación mente-cuerpo.
- Incremento de la fortaleza de la función cardiaca.
- Disminución de los efectos secundarios de los tratamientos contra el cáncer.

Practicar estas artes no ayuda sólo a mantenerse en buena forma física, sino que permite mantener un organismo sano y alargar el tiempo de vida a través de una salud mejorada y activa.

Métodos de práctica del Qigong:

Para practicar correctamente el Qigong, hay que tener en cuenta que la energía vital fluctúa por todo el organismo. Por lo tanto, hay que saber regular todas sus partes:

1. *Tyau Shenn (Regular el cuerpo):* Para adquirir una postura correcta. Es importante estar bien enraizado al suelo.
2. *Tyau Shyi (Regular la respiración):* Hasta que esté calmada, suave y llena de paz.

3. *Tyau Hsin (Regular la mente):* La más complicada, ya que implica detener los pensamientos.
4. *Tyau Chi (Regular la energía vital):* A través de la regulación de las tres anteriores, para que fluya de forma natural.
5. *Tyau Shen (Regular el espíritu):* Para mantener el tono, ya que «*el espíritu es la fuerza y la raíz en la batalla*», tal como escribe Yang Jwing-Ming en *La esencia del Tai Chi Qigong.*

De esta forma, el organismo estará preparado para actuar con el mismo objetivo y de forma coordinada.

Practicar los cinco elementos del Qigong

Uno de los ejercicios más conocidos del Qigong es el que concatena la representación de los cinco elementos: Tierra, Agua, Madera, Metal y Fuego. Esta serie de movimientos busca equilibrar los cinco flujos de energía para mejorar la función de mente y órganos.

Hay diversas formas de practicarlos. En este caso seguiremos los ejercicios de la profesora María Isabel García Monreal del Instituto Qigong Chikung de Barcelona:

1. Separar las piernas hasta que cada pie esté bajo su hombro correspondiente.
2. Separar ligeramente las puntas de los pies para afianzar la postura.
3. Mantener los hombros relajados y bajos, los brazos caídos y un poco separados del cuerpo (postura de *Wu qi*, o enraizarse).
4. Mientras se inspira, levantar los brazos hasta poner las manos a la altura de los hombros, con las palmas hacia abajo.
5. Espirar mientras se flexionan las rodillas, y los brazos se bajan hasta que las manos están a la altura del abdomen con las palmas hacia dentro.
6. Mantener la posición unos segundos, concentrándose en la respiración.

1. Partiendo de la postura Tierra, flexionar las rodillas para agacharse, manteniendo el tronco recto. Espirar durante el proceso.
2. Empujar el coxis hacia abajo para estirar la zona lumbar.
3. Inspirando, volver a erguirse hasta tomar la postura Tierra.
4. Repetir tres veces el ejercicio.

1. Partiendo de Tierra y mientras se inspira, poner las palmas hacia arriba y abrir los brazos hacia los lados en un círculo, hasta poner las manos frente a las clavículas. Girar las manos de forma que las palmas y los codos miren hacia abajo, mientras los hombros permanecen relajados.

2. Deshacer el movimiento mientras se espira, dibujando con los brazos el círculo hacia abajo, hasta volver a la posición inicial.

3. Repetir tres veces.

1. Partiendo de Tierra, elevar los brazos hasta poner las manos frente al esternón.

2. Enfrentar las palmas, dejando una distancia de unos diez centímetros entre ellas, con los dedos relajados y un poco separados.

3. Mientras se inspira, se separan las manos hasta situarlas frente a los hombros.

4. Espirando, volver a acercar las manos hasta que estén de nuevo en la posición 2.

5. Repetir tres veces, notando cómo la energía se condensa cada vez que se juntan las manos frente a los pulmones.

1. Desde Tierra y mientras se inspira, elevar las manos hasta la altura del corazón manteniendo una un poco por encima de la otra, con las palmas enfrentadas.
2. Realizar un movimiento giratorio de las manos, para sentir la energía del corazón.
3. Girar ligeramente la cintura hacia la izquierda, mientras se mantiene el torso relajado y los codos paralelos al suelo.
4. Separar las manos con las palmas todavía enfrentadas, llevando la superior a la altura del hombro y la inferior a la altura del abdomen.
5. Espirando, las manos se reúnen de nuevo frente al corazón.

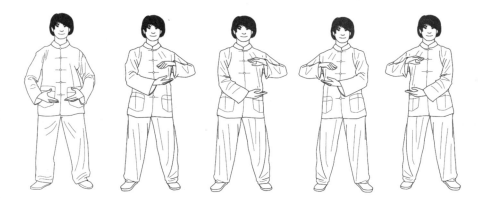

1. Desde Tierra e inspirando, volver a subir las manos a la altura de los hombros con las palmas hacia abajo.
2. Mientras se espira, bajar los brazos hasta relajarlos junto al cuerpo y regresar a la postura inicial de *Wu qi*.

Shiatsu

Originario de Japón, y creado a principios del siglo xx principalmente para el tratamiento de la artritis, se centra también en el trabajo de las energías por medio de la presión, especialmente por imposición de los pulgares y las palmas de las manos. Combinado con estiramientos y ejercicios de respiración, busca crear el equilibrio entre los diferentes elementos del cuerpo.

«No es importante que el Daoyin (ejercicio para mantener la salud) *tenga un nombre, imite algo o esté grabado en jade. Lo que es importante es la técnica y la esencia de lo que realmente se está practicando. Estirar y contraer, inclinar y levantar la cabeza, dar pasos, yacer, descansar o estar de pie, caminar o andar despacio, gritar o respirar... todo puede ser un Daoyin.»*

GE HONG

Respirar mejor para vivir más

El libro *Xiuzhen shishu*, conocido en Occidente como *Los diez libros para cultivar la perfección*, data del siglo xiii y es un compendio de materiales de diversos orígenes para cultivar la mente y el cuerpo.

Cita entre otros a Sun Simiao, un reputado médico y ensayista chino del siglo vi.

Sun Simiao, conocedor de las tradiciones de Oriente, nos da las pistas para vivir bien en función de las estaciones del año:

«*En primavera, respira* xu *para tener claridad visual, y la madera puede ayudar a tu hígado.*

En verano, toma el he *para que corazón y fuego estén en paz.*

En otoño, respira si *para estabilizarte y reúne metal, manteniendo los pulmones húmedos.*

Para los riñones, después, respira chui *y observa tu agua interior calmada.*

En las cuatro estaciones haz profundas respiraciones, para que el bazo pueda procesar los alimentos.

Y, por supuesto, evita exhalar ruidosamente, y no dejes que lo oigan ni tus propias orejas.

La práctica es excelente y te ayudará a preservar tu divino elixir.»

IX

RESILIENCIA Y *WABI-SABI*

Cómo afrontar los problemas y cambios
de la vida sin envejecer por culpa
del estrés y la ansiedad

¿Qué es la resiliencia?

Una de las características comunes de todos aquellos que tienen un *ikigai* bien definido es que persisten en su pasión pase lo que pase. Cuando la vida les da reveses, cuando todo son obstáculos, nunca se rinden. Siguen luchando pase lo que pase.

Estamos hablando de resiliencia, un concepto que se ha popularizado en la psicología de las últimas décadas.

La resiliencia no es sólo la capacidad de ser perseverante y de seguir luchando en todo momento. Como veremos en este capítulo, también es una actitud que podemos cultivar para mantenernos centrados en lo importante de la vida en vez de en lo urgente, sin dejarnos llevar por emociones negativas.

En la última sección veremos técnicas para ir más allá de la resiliencia y promover nuestra *antifragilidad*.

Tarde o temprano, todos tenemos que afrontar momentos difíciles, y la forma en que lidiemos con esos momentos puede suponer una gran diferencia en nuestra calidad de vida. Entrenar la mente, el cuerpo y nuestro estado emocional resiliente es fundamental para afrontar los contratiempos de la vida.

«Nanakorobi yaoki, 七転び八起き,»
«Si te caes 7 veces, levántate 8»

DICHO JAPONÉS

La resiliencia es nuestra habilidad para afrontar contratiempos. Cuanto más resilientes seamos, más fácil nos será levantarnos y recuperar el sentido de nuestra vida.

El resiliente sabe mantenerse centrado en sus objetivos, en lo importante, sin dejarse llevar por el desánimo. Su fuerza procede de la flexibilidad, de saber adaptarse a los cambios y a los golpes del destino. Se centra en los factores sobre los que tiene control sin preocuparse por cosas que no puede controlar.

Como dice la célebre oración de Reinhold Niebuhr:

Señor, concédenos la gracia
de aceptar con serenidad
las cosas que no pueden cambiarse
y el coraje de cambiar las cosas
que deberíamos cambiar,
así como la sabiduría para distinguir
unas cosas de otras.

- - - - - - - - - - - - - - - - - -

Estoicismo y budismo para la resiliencia emocional

Siddhārtha Gautama (Buddha) nació siendo el príncipe de Kapilavastu, rodeado de lujo y viviendo en un palacio. A los 16 años se casó y tuvo un hijo.

La riqueza y la familia no satisfizo a Siddhārtha, que a los 29 años decidió probar un estilo de vida diferente y se escapó del palacio para llevar una vida de asceta. Pero el ascetismo tampoco funcionó. No consiguió la felicidad y bienestar que buscaba. Ni la riqueza, ni el ascetismo extremo le funcionaron. Se dio cuenta de que la persona sabia no debe ignorar los placeres. Puede vivir con ellos, pero debe ser conscientes en todo momento de lo fácil que es ser esclavizado por ellos.

Zenón de Citio comenzó su educación en la escuela de los cínicos. Los cínicos practicaban un estilo de vida ascético, dejando de lado todo tipo de placer terrenal. Vivían en las calles y lo único que poseían era la ropa que llevaban puesta.

Viendo que el cinismo no le traía bienestar, Zenón lo abandonó y fundó la escuela de los estoicos. Su filosofía comenzó por asumir que no hay nada malo en disfrutar de los placeres de la vida, siempre y cuando no tomen control de nosotros cuando los estamos disfrutando. Tenemos, pues, que estar siempre preparados para que cualquier placer desaparezca.

El objetivo no es eliminar toda emoción y placer de nuestras vidas (cinismo), sino eliminar sólo las emociones negativas.

Desde su fundación, uno de los objetivos, tanto del budismo como del estoicismo, es el control de los placeres, deseos y emociones. Aunque ambas filosofías son muy diferentes, tienen como objetivo común reducir nuestro ego y controlar las emociones negativas.

Tanto el estoicismo como el budismo en el fondo son metodologías para «practicar el bienestar».

Según el estoicismo, nuestros deseos y placeres no son el problema. Podemos disfrutar de ellos siempre y cuando no tomen control de nosotros. Para los estoicos, aquellos que lograban controlar sus emociones eran personas virtuosas.

¿Qué es lo peor que puede pasar?

Cuando alcanzamos el trabajo de nuestros sueños, al cabo de un tiempo queremos cambiar a otro trabajo mejor. Si nos toca la lotería y nos compramos un buen coche, al cabo de un tiempo querremos quizás un velero. Cuando por fin conseguimos conquistar al hombre o mujer que anhelábamos, de repente sentimos curiosidad por otra persona.

Los humanos podemos ser insaciables.

Para los estoicos, este tipo de deseos y ambiciones no son dignos de ser perseguidos. El objetivo de la persona virtuosa es conseguir tranquilidad *(apatheia)*: un estado de ausencia de emociones negativas como ansiedad, miedo, pena, vanidad, enfado, y con presencia de emociones positivas como, por ejemplo, alegría, amor, serenidad o gratitud.

Para mantener una mente virtuosa, los estoicos practicaban algo parecido a la «visualización negativa»: imaginaban «lo peor que te puede pasar», para así estar preparado en caso de que ciertos privilegios y placeres desaparezcan de nuestra vida.

Para *practicar la visualización negativa*, tenemos que contemplar eventos negativos, pero sin preocuparnos por ellos.

Séneca, uno de los hombres más ricos de la antigua Roma, llevó una vida de todo tipo de lujos, pero era un estoico practicante. Recomendaba reflexionar y practicar la visualización negativa cada noche en la cama antes de dormirse. Y no sólo visualizaba situaciones negativas, sino que las ponía en práctica, por ejemplo, viviendo durante una semana sin criados y sin beber y comer como una persona rica. Así era capaz de responderse a la pregunta: ¿qué es lo peor que puede pasar?

Meditar para sanar las emociones

Además de la visualización negativa y de no dejarse llevar por las emociones negativas, otro de los fundamentos de la práctica estoica es *ser consciente de lo que está bajo nuestro control y de lo que no*, como hemos visto en la oración de Reinhold Niebuhr.

No sirve de nada preocuparnos de cosas que están totalmente fuera de nuestro control. Debemos tener claro lo que podemos y lo que no podemos controlar, para, de esa manera, aprender a no dejarnos llevar por las emociones negativas.

«El hombre es afectado no por los eventos, sino por la forma en que los considera», decía Epicteto.

El budismo zen utiliza la meditación para ser consciente de las emociones y deseos y así liberarse de ellos. No consiste sólo en dejar la mente en blanco, sino en observar tus pensamientos y emociones conforme van apareciendo sin dejarse llevar por ellos. De esta forma, entrenamos la mente a no dejarse llevar por la ira, la envidia, el resentimiento...

Uno de los mantras más usados del budismo se centra en el control de las emociones negativas: «Om mani padme hūm» donde *Om* es la generosidad que purifica el ego, *Ma* es la ética que purifica los celos, *Ni* es la paciencia que purifica las pasiones y deseos, *Pad* es la diligencia que purifica los prejuicios, *Me* es la renuncia que purifica el codicia, y *Hūm* es la sabiduría que purifica el odio.

El Ahora y la impermanencia de las cosas

Otra de las claves para cultivar la resiliencia es saber en qué tiempo vivir. Tanto el budismo como el estoicismo nos recuerdan que lo único que existe y está bajo nuestro control es el presente. No debemos preocuparnos por el pasado o el futuro, sino apreciar las cosas tal y como son en este momento, en el ahora.

«Estamos aquí y ahora, el único momento en el que estamos vivos es el momento presente», decía Thich Nhat Hanh.

Además del «ahora», los estoicos recomiendan contemplar la impermanencia de las cosas que nos rodean.

El emperador Marco Aurelio decía que *las cosas que amamos son como las hojas de un árbol, pueden caer en cualquier momento cuando se alza el viento*. También dijo que *el cambio en lo que nos rodea no es algo accidental, sino que forma parte de la esencia del Universo*, un pensamiento muy budista, de hecho.

Hemos de ser conscientes de que todo lo que tenemos y todas las personas que queremos desaparecerán en algún momento. Y eso es algo que debemos tener en mente, pero sin ser pesimistas. Ser conscientes de la impermanencia de las cosas no nos tiene que entristecer, sino que nos ha de servir para amar el presente y a los que nos rodean.

«Todas las cosas humanas tienen una vida corta y perecedera», decía Séneca.

La naturaleza transitoria, efímera e impermanente del mundo es central en cualquier disciplina budista. Tenerlo siempre presente nos ayuda a no sufrir excesivo dolor en caso de pérdida.

Wabi-sabi e *ichi-go ichi-e*

El *wabi-sabi* es un concepto japonés que enseña la belleza de la naturaleza perecedera, cambiante e imperfecta de todo lo que nos rodea. En vez de buscar belleza en lo perfecto, busquémoslo en lo imperfecto, en lo incompleto. Este es el motivo por el que un japonés valora una taza de forma irregular, atravesada por una grieta en el medio.

Sólo lo que es imperfecto, efímero e incompleto posee verdadera belleza, ya que se asemeja entonces a la naturaleza.

Un concepto japonés complemetario sería el *Ichi-go ichi-e*, que se podría traducir como «*este momento sólo existe ahora y no se volverá a repetir*». Se usa especialmente en reuniones de personas para recordarnos que cada encuentro, ya sea con amigos, familia o desconocidos, es único y no se repetirá. Por eso hay que disfrutar del momento único sin dejarnos llevar por precupaciones del pasado o el futuro.

El concepto de *Ichi-go ichi-e* es muy utilizado en la práctica de la ceremonia del té, en la meditación zen y en las artes marciales japonesas. Todas estas artes tienen como hilo conductor el momento presente.

En Europa estamos acostumbrados a la inmutabilidad de catedrales y edificios de piedra. A veces, da la sensación de que nada cambia, lo cual hace que nos olvidemos del paso del tiempo. La arquitectura grecorromana ama la simetría, las líneas perfectamente delimitadas, fachadas imponentes, edificios y estatuas de dioses que trascienden el paso de los siglos.

En cambio, la arquitectura japonesa no intenta ser imponente, ni pretende ser perfecta, pues sigue el espíritu del *wabi-sabi*. La construcción tradicional en madera asume que va a dejar de existir en el futuro y que necesitará a futuras generaciones para ser reconstruida. La cultura japonesa acepta la naturaleza perecedera del ser humano y todo lo que creamos. En Japón, el templo de Ise es reconstruido cada veinte años desde hace milenios. Lo importante no es que el edificio permanezca en pie durante mucho tiempo, sino mantener las tradiciones y costumbres, algo que sí puede trascender el paso del tiempo más allá incluso que los edificios construidos por los seres humanos.

La clave es «aceptar» que hay ciertas cosas sobre las que no tenemos control, como el paso del tiempo o la naturaleza efímera de lo que nos rodea.

El *Ichi-go ichi-e* nos enseña a centrarnos en el presente y a disfrutar de cada momento único que nos da la vida. Por eso merece la pena descubrir y seguir el propio *ikigai*.

El *wabi-sabi* nos enseña a apreciar la belleza de lo imperfecto como oportunidad de crecimiento.

- -
Antifragilidad, más allá de la resiliencia

Dice la leyenda que cuando Heracles fue por primera vez a enfrentarse a la Hidra de Lerna, sintió desesperación al ver que, al cortarle una cabeza, le crecían otras dos. Nunca podría matar a la Hidra si esta se hacía cada vez más fuerte al recibir daño.

El ensayista de origen libanés Nicolas Taleb explica en su libro *Antifragilidad* que tenemos la palabra «fragilidad» para designar a cosas, personas u organizaciones que se debilitan al recibir daño, y las palabras «robustez» o «resiliencia» para designar cosas que aguantan daño sin debilitarse, pero no hay palabra en ningún idioma para hablar de *aquello que se fortalece al recibir daño* (hasta cierto punto).

Para hablar del poder de la Hidra de Lerna, de aquello que se hace más fuerte al recibir daño, Nicolas Taleb propone que usemos la palabra *antifragilidad*. Detrás de esta idea estaría el célebre aforismo de Nietzsche: «*Lo que no nos mata, nos hace más fuertes*».

Catástrofes o eventos fuera de lo normal son buenos ejemplos para poder explicar fenómenos de antifragilidad. En el 2011, un tsunami en la región de Tohoku hizo muchísimo daño a decenas de pueblos y ciudades de la costa. Desafortunadamente, mucha gente murió y aldeas enteras desaparecieron.

Al visitar la costa afectada, dos años después de la catástrofe, después de conducir durante muchos kilómetros de carreteras con grietas y de pasar por delante de varias gasolineras vacías, atravesamos varios pueblos fantasma con calles invadidas por casas en ruinas, coches amontonados y estaciones de trenes abandonadas. Estos pueblos son lugares *frágiles* y olvidados por el Gobierno que no pudieron recuperarse.

Otros lugares, como por ejemplo Ishinomaki o Kesennuma, recibieron un inmenso daño, pero gracias a la ayuda de mucha gente consiguieron reconstruir la ciudad en unos años. Ishinomaki y Kesennuma demostraron su *robustez* y capacidad de volver a la normalidad después de la catástrofe.

El terremoto también dejó tocada la central nuclear de Fukushima. En el caso de la central nuclear, los ingenieros de TEPCO no estaban preparados para recibir daño y luego recuperarse. La central de Fukushima todavía sigue en estado de emergencia y lo seguirá estando durante varias décadas. La central de Fukushima demostró su gran *fragilidad* ante un evento de proporciones desconocidas.

Minutos después del terremoto de marzo del 2011, los mercados financieros japoneses cerraron. ¿Qué tipo de empresas fueron las que más movimiento generaron durante esos minutos después del terremoto y durante las semanas siguientes? Las grandes empresas constructoras no han parado de subir en bolsa desde el 2011, ya que reconstruir toda la costa de Tohoku es un gran beneficio para este tipo de compañías. En este caso las constructoras japonesas son *antifrágiles*, ya que fueron beneficiadas inmensamente por la catástrofe.

Veamos ahora cómo podemos aplicar este concepto a nuestra vida cotidiana. ¿Cómo podemos ser más antifrágiles?

Paso 1: añadir redundancias a nuestra vida

En vez de tener un único sueldo, busca la manera de ganar dinero con tus hobbies, en otros trabajos, o montando tu propio negocio. Si solamente tienes un sueldo, es posible que te quedes sin nada si la empresa que te emplea tiene problemas o le va mal, dejándote en una posición de *fragilidad*. En cambio, si tienes varias opciones, en caso de perder tu trabajo, puede pasar que termines dedicando más tiempo a tu negocio secundario y ganando incluso más dinero. ¡Habrás ganado ante un golpe de «mala suerte»! Serás entonces antifrágil.

El 100 % de los ancianos que entrevistamos en Ogimi tenían una ocupación principal y otra secundaria. La mayoría de ellos tenían el huerto como trabajo secundario para vender la verdura en el mercado local.

Y lo mismo puede aplicarse en el ámbito de los amigos y los intereses personales. Se trata, como en el dicho inglés, de «*no poner todos los huevos en la misma cesta*».

En el mundo de las relaciones amorosas, hay personas que se centran exclusivamente en su pareja y hacen de ella todo su mundo. En esos casos, si la relación se rompe, lo pierden todo, mientras que si han cultivado buenas amistades y una vida rica, lo tendrán más fácil para continuar adelante después de la catástrofe. Serás *antifrágil*.

Puede que en este momento estés pensando: «No necesito más que un sueldo y un trabajo, y con mis amigos de siempre soy feliz. ¿Qué necesidad tengo de añadir más cosas?» En palabras de Taleb: *«Puede parecer una pérdida de tiempo, porque normalmente no sucede nada fuera de lo normal. Pero al final, siempre sucede algo fuera de lo normal, es cuestión de tiempo».*

Paso 2: jugar de forma conservadora en ciertas áreas y tomar muchos pequeños riesgos en otras.

El mundo financiero resulta muy útil para explicar este concepto. Si tienes 10.000 euros ahorrados, puedes poner 9.000 en un fondo indexado o incluso guardarlo a plazo fijo, y los otros 1.000 euros invertirlos en diez empresas jóvenes con gran potencial de crecimiento, 100 euros en cada una.

Un posible escenario es que tres de las empresas quiebren (pierdes 300 euros), que otras tres pierdan valor en bolsa (pierdes otros 100 o 200 euros), dos suban de valor (ganas 100 o 200 euros) y una de las empresas se revalorice diez veces o más (ganas 900 euros o incluso más).

Si haces cálculos, ¡ganas dinero aunque tres de las empresas hayan quebrado! Hemos salido beneficiados al recibir daño, como la hidra.

La clave para adquirir antifragilidad es asumir pequeños riesgos que nos pueden dar grandes beneficios, sin exponernos a grandes peligros que nos puedan hundir, como por ejemplo, poner 10.000 euros en un fondo de inversión de dudosa reputación que vemos anunciado en un periódico.

Paso 3: eliminar las cosas que nos hacen frágiles

Vamos a usar la vía negativa para este ejercicio. Plantéate la pregunta: ¿qué te hace frágil? Hay cosas, personas y hábitos que nos provocan pérdidas y nos hacen vulnerables. ¿Cuáles son?

Cuando listamos los propósitos de año nuevo, ponemos énfasis en añadir nuevos desafíos a la vida. Tener este tipo de objetivos es bueno, pero aún tiene más impacto ponerse objetivos «de eliminación».

Por ejemplo:

- Dejar de consumir *snacks* entre comidas.
- Comer dulces sólo un día a la semana.
- Eliminar paulatinamente todas las deudas que tenemos.
- No juntarnos con gente tóxica.
- No gastar tiempo haciendo cosas que no nos gustan simplemente por obligación.
- No dedicar más de 20 minutos al día a Facebook.

Para construir un estilo de vida resiliente, no debemos temer a las adversidades, porque todas ellas encierran potencial de crecimiento. Si adoptamos una postura de antifragilidad, hallaremos la manera de fortalecernos con cada golpe, depurando nuestro estilo de vida y manteniendo el foco en nuestro *ikigai*.

Recibir golpes puede considerarse una desgracia o bien una «experiencia» que podemos aplicar en todas las áreas de nuestra vida, corrigiendo continuamente y poniéndonos objetivos mayores.

La vida es pura imperfección, como reza el *wabi-sabi*, y el paso del tiempo nos demuestra que todo es efímero, pero si tienes un *ikigai* definido, cada momento albergará tantas posibilidades que es como una eternidad.

EPÍLOGO
IKIGAI, UN ARTE DE VIVIR

Mitsuo Aida fue uno de los calígrafos y escritores de haikus más importantes del siglo XX en Japón. Es un ejemplo más de japonés que dedicó su vida a un *ikigai* muy concreto: comunicar emociones con poemas de 17 sílabas usando un pincel de shodo (caligrafía japonesa).

Muchos de sus haikus filosofan sobre la importancia del ahora y el paso del tiempo.

Por ejemplo, el haiku de Mitsuo Aida bajo estas líneas se podría traducir como: «*Ahora mismo aquí lo único que hay es mi vida y tu vida*».

いまここにしかないわた
しのいのちあなたのいのち

En el siguiente de Aida, simplemente pone «*Ahora, aquí*». Es una obra de arte que quiere evocar sentimientos de *mono no aware* (la melancolía de lo efímero) a la persona que contemple la obra.

いまここ

El que vemos a continuación está relacionado con uno de los secretos del *ikigai* para la vida cotidiana: «*La felicidad siempre la decide tu corazón*».

しあわせはいつも自分の心がきれる

Y este último de Mitsuo Aida significa: «*Sigue así, no cambies de camino*».

そのままでいいがな

Una vez has encontrado tu propio *ikigai*, se trata de seguirlo y alimentarlo cada día para dar sentido a tu existencia. En el momento en el que dotas de significado a tu vida, la tarea más rutinaria se convierte en un feliz fluir, como el calígrafo ante su lienzo o el cocinero que sigue preparando con amor, medio siglo después, el sushi para sus comensales.

- - - - - - - - - - - - -

10 leyes del *ikigai*

Terminaremos este viaje con diez leyes extraídas de la sabiduría de los ancianos de Ogimi:

1. *Mantente siempre activo, nunca te retires.* Quien abandona las cosas que ama y sabe hacer, pierde el sentido de su vida. Por eso, incluso después de haber terminado la vida laboral «oficial», es importante seguir haciendo cosas de valor, avanzando, aportando belleza o utilidad a los demás, ayudando y dando forma a nuestro pequeño mundo.
2. *Tómatelo con calma.* Las prisas son inversamente proporcionales a la calidad de vida. Como dice un viejo proverbio: «*Caminando despacio se llega lejos*». Cuando dejamos atrás las urgencias, el tiempo y la vida adquieren un nuevo significado.

3. *No comas hasta llenarte.* También en la alimentación para una vida larga, «menos es más». Según la ley del 80%, para preservar la salud mucho tiempo, en lugar de atiborrarse hay que comer un poco menos del hambre que tenemos.

4. *Rodéate de buenos amigos.* Son el mejor elixir para disolver las preocupaciones con una buena charla, contar y escuchar anécdotas que aligeren la existencia, pedir consejo, divertirnos juntos, compartir, soñar... En suma, vivir.

5. *Ponte en forma para tu próximo cumpleaños.* El agua se mueve, fluye fresca y no se estanca. Del mismo modo, tu vehículo para la vida necesita un poco de mantenimiento diario para que pueda durar muchos años. Además, el ejercicio segrega las hormonas de la felicidad.

6. *Sonríe.* Una actitud afable hace amigos y relaja a la propia persona. Está bien darse cuenta de las cosas que están mal, pero no hay que olvidar el privilegio de estar aquí y ahora en este mundo lleno de posibilidades.

7. *Reconecta con la naturaleza.* Aunque la mayoría de seres humanos vivan en ciudades, estamos hechos para fundirnos con la naturaleza. Necesitamos regularmente volver a ella para cargar las pilas del alma.

8. *Da las gracias.* A tus antepasados, a la naturaleza que te provee aire y alimento, a tus compañeros de vida, a todo lo que ilumina tu día a día y te hace sentir dichoso de estar vivo. Dedica un momento del día a dar las gracias y aumentarás tu caudal de felicidad.

9. *Vive el momento.* Deja de lamentarte por el pasado y de temer el futuro. Todo lo que tienes es el día de hoy. Dale el mejor uso posible para que merezca ser recordado.

10. *Sigue tu* ikigai. Dentro de ti hay una pasión, un talento único que da sentido a tus días y te empuja a dar lo mejor de ti mismo hasta el final. Si no lo has encontrado aún, como decía Viktor Frankl, tu próxima misión será encontrarlo.

Los autores de este libro te deseamos una vida larga, dichosa y llena de sentido.

Gracias por estar aquí,

HÉCTOR GARCÍA (KIRAI) & FRANCESC MIRALLES